從廟堂到田園

先唐士人的心路歷程

王 玫 著

文史哲學集成

文史哲出版社印行

目　次

2

歸去來兮（代序）

登彼西山兮，采其薇矣。以暴易暴兮，不知其非矣。神農、虞、夏忽焉沒兮，我安適歸矣？於嗟徂兮，命之衰矣！[1]

這是商朝伯夷、叔齊的千古之問：神農、舜、禹時代已經消逝，我將歸去何方？

夷、齊分別為殷商末孤竹君的長子和少子。據《史記》載，孤竹君名初，字子朝。伯夷名允，字公信；叔齊名致，字公達。夷、齊乃其諡；伯、叔乃長少之字。最初，孤竹君想以叔齊為其繼承人。孤竹君死後，叔齊讓位於伯夷，伯夷以為"父命不可違"，遂逃。叔齊亦不肯立，亦逃。兩人聽說西伯昌（即後來所說周文王）

1《史記·伯夷列傳》，中華書局，1982 年 11 月 2 版，P2123。

"善養老，盍往歸焉"。誰知到周後，西伯卒，周武王打著其父文王名號，東伐商紂。夷、齊諫之，武王不聽。武王滅商之後，"天下宗周，而伯夷、叔齊恥之，義不食周粟，隱於首陽山，采薇而食之，及餓且死，作歌。"[2]

夷、齊之所以不接受當時現實，有以下三方面原因：一、不願違父命，也不願以少凌長，故二人皆不肯繼父位（道義重於權位）。二、反對"不孝"（武王"父死不葬"）；反對武力（"爰及干戈"）；反對"以暴易暴"；反對"以臣弒君"之"不仁"。三、認可周文王"善養老"的作為，以為古風尚存，不接受武王建立的新朝。總之，他們嚮往沒有戰爭、沒有殺戮、尊老敬賢的和平社會。

夷、齊之後，秦末商山有四位隱士：東園公、綺里季、夏黃公、甪里先生，年皆八十餘。四人鬚眉皆白，世稱"商山四皓"（商山在今陝西商縣）。四皓不應漢高祖劉邦召聘，逃入藍田山，"而作歌曰：莫莫高山，深谷逶迤。曄曄紫芝，可以療饑。唐虞事遠，吾將何歸！駟馬高蓋，其憂甚大。富貴之畏人，不如貧賤之肆志。"[3]

---

2 事見《史記·伯夷列傳》。
3 《高士傳》，〔晉〕皇甫謐著，〔清〕任渭長、沙英繪，劉曉藝撰文，上海古籍出版社，2014年12月，P167。

　　伯夷、叔齊以及商山四皓皆感歎不知所歸，即因神農堯舜禹時代古老純樸的世道已不復存在，人性已不再真純，殺伐爭奪之端萌發，不仁不義之行橫生。殷商時，這一變化已經開始。商周以後，犯上作亂的暴力之事開始層出不窮，遠古樸實淳厚的風氣日漸澆薄，現實或精神的家園已岌岌可危。夷、齊似乎已預感到這個可怕的趨勢。及至春秋戰國，征伐日盛，人心奔競，流血、殺戮、陰謀、紛爭充塞著世界，現實的家園正在崩頹，精神也無所適從，找不到回家的路，孔子的勸勉尚不能修復“不古”的人心，莊子的疾呼亦不曾喚醒為利欲競相奔走的眾生。

　　伯夷、叔齊的詠歎歷經數千年，叩打著後人的心扉，發出綿遠的回聲。古往今來，只要一個人的肉體、心靈、精神還在流浪，他都在發問：歸往何方？從屈原“羌靈魂之欲歸兮，何須臾而忘返”，到王國維“江湖寥落爾安歸”莫不如此，即使他們所問的緣由不盡相同，但茫然不知所往的心態基本無異。

　　自從我們來到這個塵世，身心皆要經歷人間的萬般苦難，為名為利匆匆而來，匆匆而去，就像暮色中匆匆趕路的過客，昏黃燈光燻染下的房屋只是我們暫時棲身之處，我們總是身在旅途。當靈魂尚在漂泊，精神找不到歸宿，或肉身無從安置，我們將歸往何方？國家淪亡了，理想落空了，親人殞沒了，愛情消逝了，青春凋謝了，希望破滅了，家園荒蕪了……，我們將歸往何方？哪裡是我們靈魂的棲息之地？哪裡是我們精神的淨土？哪裡是我們現實的家園？自從人類有了自我意識後，"歸去何方"不得不成為自覺的人思考的問題。

美國當代著名精神分析學家埃里希·弗羅姆（Erich Fromm，1900—1980）有一種理論，認為人作為自然界生物的一部分，長期與自然和睦相處，因為人首先是生物學意義上的人。人與自然的原始關係給予他安全感、相與感、附著感。但是在人的進化過程，他逐漸與自然脫離，人與自然的原始臍帶被割斷，這種臍帶是動物生存的特徵。人誕生了，這也意味著人脫離了自然的繈褓。然而掙脫自然的束縛是令人可怕的，如果人失去他的自然根基，他將走向何處？顯然他將孤立無依，沒有一個"家"可以託付。他無法忍受這種孤獨的處境，只有尋找新的生存根基，他才能在這個世界感到安全。

人獨立之後，尤其是人的自我意識覺醒後，即弗羅姆所說的"個體化"過程，人自由了，但人也陷入孤獨之中，獨立面對一個充滿危險的世界，於是產生要放棄其個人獨立的衝動，以消除孤獨及無權力的感覺。只是人無法倒轉自我覺醒（個體化）過程，所以為了克服"孤獨"和"無權力"感，他有幾種選擇：一、服從外界的力量，承襲文化模式給予的人格，變得和其他人一樣。或者通過主宰世界以及使他人成為自己的附庸，使自己與世界成為一體。二、以破壞行為企圖逃避無法忍受的無權力，這種破壞行為可能包括對自我生命的摧毀。三、全面退出世界，以至於世界不再成為一種威脅。四、在心理上擴大自己，以致相形之下，外面的世界變得渺小[4]。

這些選擇在弗羅姆看來都是對"自由"的逃避，這個所要逃避的"自由"乃是"消極的自由"。一個人放棄他的個性與自由，變得與周圍人一模一樣，便不再感到孤獨、焦慮。因為人的個性獨立之後，也喪失了安全感，變得孤立無助，不知如何適應這個世界，開始懷疑自己，懷疑任何行為準則。為了生存，人試圖逃避自由，卻不由自主地又套進新的枷鎖。這種新的枷鎖與原始的約束不同，原始的約束尚能給他一種安全感，而逃避自由並不能使人們復得已失去的安全感，僅能幫助他忘記自己是一個獨立的個體，由一個虛偽的自我取代一個真

---

4 《逃避自由》，〔美〕埃里希・弗羅姆著，劉林海譯，國際文化出版公司，2002 年 8 月。

實的自我。所以弗羅姆並不主張通過上述途徑逃避自由，而主張"自發活動"，以獲得"積極的自由"。他認為人是可以自由而不孤獨的，可以具有批評能力而不會充滿懷疑，是可以獨立而仍然是全人類的完整一部分。那麼，怎麼獲得這種自由的方法？弗羅姆認為那就是自我實現、發揮自己的個性，具體而言，即實現人的整個人格，積極地表現人的情感與心智潛能，以實現自我，這是一種自發性活動，而不是強迫性、機械性活動。

　　弗氏從生物進化史、個體發展史及社會發展史之間的關係分析了原始時期、宗教改革時期（中世紀、文藝復興）、資本主義及現代社會之人的自由問題，雖然每個歷史階段"逃避自由"的表現形式不甚相同，但也有共同點，即"個體化"過程隨著個人的獨立和自由日益增多，個人的孤獨和不安全感也日益增強。

　　古代中國社會與西方有不同的發展進程，古人或許沒有現代人有更多的選擇，也沒有更多的束縛與不安全感或焦慮，但同樣有人性受到抑壓的痛苦，同樣有逃避自由後所面臨的困擾，同樣有對身心自由的渴慕。"歸往何方"便是反映人們對身心自由的嚮往。因此弗氏將精神分析法與社會學相結合的理論，對於我們研究從廟堂到田園過程士大夫文人心態具有啟示意義。

　　自由既然是人類所追求的精神歸宿，“個體化”之
產生也是個體發展過程不可避免，掙脫束縛、尋求身心
之自由在中國古代也一直存在，莊子的“逍遙遊”即是
後代許多文人所嚮往的境界。特別是“人的自覺”之
後，士人的自由意志更加強烈，渴望身心獲得自由的願
望也益發迫切，從廟堂到田園就是追求身心自由的過
程。由屈原而陶淵明呈示了“個體化”發生之後，士人
的心態從“消極的自由”向“積極的自由”之變化，這
一過程出現各種矛盾衝突，也反映各種複雜的心態，但
隨著社會發展和觀念改變，追求“積極的自由”已是必
然趨勢。

　　在社會歷史現實中，“人”的活動是具體的。從社
會各階層的狀況來看，最能反映人的自覺意識發生發展
過程，最具有精神意義的對象，往往是在知識階層，這
與他們的身份地位及思考能力有關。這個階層中的群體
相當於今天的知識分子、文化人、文人，或古代中國的
“士”，他們作為一個群體，具有共同的價值追求，以
及道義擔當，所以我們在討論“人”的精神史時，往
往以他們作為研究的主要對象。在先秦至魏晉南北朝
這個歷史階段中，我們所要考察的社會人物，主要是
傳統意義上的“士”，以及秉承“士”之精神的士大

夫、文人。

在中國相對不變的社會結構中，人治重於法治，封建專制形成一整套等級森嚴的官僚制度，這是中國封建社會最重要的一種制度和勢力，造就了擁有巨大權勢的官僚階層，形成以官僚為軸心和主角的政治生活、社會生活及文化生活。廟堂"或曰"官場"就是專制官僚政體下官吏階層的活動範圍，也是權力集散地。由於傳統觀念之堅固及權力誘惑之大，多數讀書人以進入官場為首選的人生道路，"官場"也成為有志者擒龍縛鯤的名利場。但"官場"既有榮耀、顯達，也有傾軋、爭鬥，處身"官場"，一榮俱榮，一損俱損。成則建功立業，享有榮華富貴，雞犬升天；敗則或貶或放，甚而滿門抄斬。官場之所以險惡，一是體制之弊。君主獨尊，臣子的生死禍福皆掌握其手中。若是賢明的君主，臣下或可一展懷抱；若遇到忠奸不辨、賢愚不分、任人唯親的昏君或暴君，正直之士就難有轉圜之地，甚或死於非命。所以說"王明，並受其福"，"王之不明，豈足福哉！"[5]二是人性之醜陋在官場中被加倍放大。進入官場的士人既要處理與君主的關係，更要防備同儕的擠壓或迫害。在

5 《史記·屈原列傳》，P2485。

封建集權體制內，官場生態環境也在造就官場人格及官場心理，有的謹小慎微，規行矩步，伴君如伴虎；有的極力討主子歡心，溜鬚拍馬、邀功獻媚及至吮癰舐痔，無所不用其極。為了擠兌同僚或競爭者而往上爬，或僅僅出於嫉賢妒能，或是緣於不同幫派，為置對方於死地，誹謗、污蔑、陷害，也是無所不用其極。歷史上許多冤假錯案的當事者，明是觸犯龍顏，實則受奸臣、對手或小人構陷而罹罪，屈原如此，嵇康、潘岳、陸機等人也莫不是如此。專制集權越腐朽，對人性的扭曲和管控也越嚴重。在強權和險境下，為了生存，人們喪失了自我，結果是陷於極端被動的境地，從而被重新套進枷鎖。

大一統政權建立之後，"士"的命運也發生變化，他們懷著原有的濟世之志及道義擔當走向社會，也進入官場，但是隨著官僚制度不斷腐敗，在官場自保不易，有為更難，士的處境也在惡化。為了自由或自保，他們開始逃離官場，但何去何從？在重農輕商的農耕時代，士人的出路顯然有限，或躬耕壟畝，或考槃山林。與"廟堂"或"官場"相對的"田園"原是兩個不同的生存空間，後來逐漸演變為代表兩種不同的價值體系。"田園"作為一種象徵符號，意味著隱逸、自由。回歸田園的隱者往往由於沒有固定收入，物質相對匱乏，但身心自由是他們追求的最大價值，所謂“富貴之畏人，不如貧賤之肆志”。

中國文學發展史，尤其是中古文人心態史，其實也是一部精神回歸史，這是一個漫長而曲折的路程。從屈原到陶淵明，也是從廟堂或官場走向田園的過程，其間士子文人經歷了什麼樣的心路歷程？這段風雲變幻的歷史進程對他們的命運有何影響？它在精神史上具有什麼意義？對於今人又有何啟示？

原始時代，人類與自然和諧相處，保持著純真本性，人的自覺意識尚處在蒙昧狀態。當人類不斷進化，文明發生，社會秩序建立，人的自我意識也逐漸蘇醒。春秋戰國時代，正是人的意識覺醒的時代，只是這時期人的覺醒主要表現為“人類意識”的覺醒，即人將自己與禽獸區別開來：“是故聖人作，為禮以教人，使人以有禮，知自別於禽獸。”[6]此時“人”是作為群體的意義出現的，個體的自我意識尚不完全自覺。

人與自然割斷了臍帶，人類的意識自覺了，這帶來兩方面的後果：一、人對（人類）自身的力量充滿信心，意識到人存在的價值和使命。對“人”的重視也表現在

---

6 《禮記》卷一，《曲禮上第一》，上海古籍出版社，1987 年 3 月，P2。

這時期民本主義思潮盛行，民（或人）的多寡強弱直接
影響到國力盛衰。二、人與自然相脫離之後，單獨的人
將孤立地面對整個世界，因此他渴望加入族群之中，尋
求庇護，去除個人的不安全感。由此也更強化了人類的
群體意識，維護群體的利益，或遵守某種道德準則，以
獲得他所歸屬的某一族群，或階級、階層，或家族家庭
及國家社會的認同。對於一個社會、族群、階級、階層
或團體來說，也必須有一個普遍的信念和價值體系來維
繫其存在，增強其凝聚力。

　　"士"作為一個群體，有其行事準則，儘管這一群
體中人物流品甚雜，其人生觀價值觀也不完全相同，但
他們對現實人生都極為關注，對自身的力量充滿信心，
表現出一些共同特徵：一、強烈的入世精神。所謂"士
不可以不弘毅，任重而道遠"（《論語·泰伯》）。二、
以道自任的使命感。所謂"士志於道"（《論語·里仁》）；
"君子憂道不憂貧"（《論語·衛靈公》）。孟子也說：
"天下有道，以道殉身；天下無道，以身殉道。未聞以
道殉乎人者也。"（《孟子·盡心上》）

　　春秋戰國時期的社會環境也為士人實現人生理想提
供條件。雖然士人實現自我價值的人生追求可能是基於
維護族群或階層、家族的利益，但是其人身相對是自由

的，與統治集團之間不存在很強的依附關係，尤其是
"禮崩樂壞"之後，人開始從神權、族權、君權的束縛
中掙脫出來，意識到自我存在的價值。因此錢穆先生認
為這是中國知識分子境遇最好的時期。

當人們意識到個體存在的價值和意義，人的自覺也
就發生了。這是一個漫長之旅。從屈原到陶淵明，我們
可以看到人的自我意識覺醒所經歷的各種心理變化，最
終達到人格的自我超越，不過這個過程並不是一帆風
順。即使處在戰國這麼一個個性張揚、生命力迸發的時
代，當一些天性敏感的人感受到社會的壓迫或族群的背
棄，他必然深感痛苦，他所面對的是一個充滿危險的世
界，因為他還無法做到個人的完全獨立。即使有獨立
的衝動，他又忍受不了伴隨而來的孤獨感和不安全感，
所以他還想尋求理解，回到族群之中，希望為社會所認
可。屈原即是如此。由屈原個性氣質及個人特殊經歷所
產生的強烈孤獨感、不安全感和無權力感，使他內心甚
為壓抑。他渴望被社會承認，融入主流，又唯恐喪失自
我。屈原內心劇烈的矛盾衝突，使他產生一種持久的焦
慮，最終由於承受不了這種精神折磨，他便採取自絕
的方式，逃避無法忍受的焦慮感的壓迫，讓自己全面退
出世界，使世界不再成為威脅。屈原內心痛苦掙扎產生

的原因可能有其特殊性，但也是個體化過程使人陷入孤立狀態而產生的對不安全感的憂懼使然，所以他試圖與外界建立一種新的聯繫，希望自己的價值觀念為他人所接受，自己的深衷能得到君主的理解，但是他絕望了，他不得不選擇一種極端的方式離開這個世界。

　　秦統一六國後，建立了中央集權制。漢承秦制，漢代士人在大一統政權之下，失去人身自由，"士"的自身價值得不到重視，對於他們來說，內心必然有掙扎苦痛，比如賈誼、東方朔、揚雄，甚至班固，都對春秋戰國時期"士"的境遇表示嚮往，也意識到如今"時異事異"，不得不讓自己去適應這種變化。如東方朔《答客難》云：

> 天下平均，合為一家，動發舉事，猶運之掌，賢與不肖，何以異哉？……尊之則為將，卑之則為虜。抗之則在青雲之上，抑之則在深淵之下。用之則為虎，不用則為鼠。……使蘇秦張儀與僕並生於今之世，曾不得掌故，安敢望侍郎乎[7]？

---

7 《文選》卷四十五（中冊），中華書局，1977 年 11 月，P628-629。

揚雄《解嘲》也說:

> 當塗者升青雲，失路者委溝渠。旦握權則為
> 卿相，夕失勢則為匹夫。

> 當今縣令不請士，郡守不迎師。群卿不揖客，
> 將相不俯眉。言奇者見疑，行殊者得辟。是以欲
> 談者捲舌而同聲，欲步者擬足而投跡。[8]……

先秦時"得士者昌，失士者亡"的局面在漢武帝以
後已然改變，可謂"彼一時也，此一時也，豈可同
哉？"[9]但是，與魏晉易代之際的險惡環境相比，漢代
士人所處的政治環境尚比較寬鬆，處在上升時期的封建
統治者亦有較大包容度，強盛的帝國也帶給士人以希
望，使士從中獲得新的安全感。其次，一統政權之下，
個人沒有太多選擇，漢代士人或出於自願或不自願地放
棄自己獨立自由的傾向，與外界結合。或通過成為比他
強大的人或物的依附，尋求一種新的心理平衡，以擺脫
不安全感。這種以服從甚或屈從來逃避自由的方式，並

8 《文選》卷四十五（中冊），P631。
9 東方朔《答客難》，同上，P628-629。

不是最理想的方式，只是漢代相對寬鬆的政治環境，個人與外界之間尚有建立聯繫的可能性。

漢武帝提倡儒術，設立五經博士，使得原來性質極雜的博士，"純化為專門研治歷史和政治的學者"[10]，並為博士設立弟子員，士人政府於是形成。漢初政府官員多由功臣、軍人、商人構成，游士仍襲戰國舊習。武帝之後，政府官員不再是軍人商人，而易以士人，"轉向文治之精神"，"漸漸從宗室、軍人、商人之組合，轉變成士人參政之新局面"[11]。因此漢武之後，"王室"與"政府"漸次分開，即中朝、外朝始分。宰相為外朝領袖，由士人擔任，不再是皇帝私臣。大司馬大將軍為內朝輔政，多由外戚或宦官為之。內朝用私臣，非宗室則必外戚。西漢時外戚已開始擅權。

東漢中葉以後，形勢有所變化。光武帝削減外朝政府權力，移之內朝王室，外戚權勢加大，及至外戚宦官爭權愈演愈烈。社會秩序失常，政治權威在弱化，士人的主體意識也在復蘇。此時要克服孤獨、不安全感的途徑，不僅是對權威的服從，而是抵抗，或者說拯救，因

---

10 錢穆《國史大綱》，商務印書館，修訂本（上冊），1996 年 6 月修訂第 3 版，P145。

11 同上，P148。

為權威本身已失去其可依附的力量。主體意識日益覺醒的士人秉持"以道自任"的精神，企圖挽回其頹勢，但由於觸犯當權者利益而遭致鎮壓，如兩次黨錮之禍。於是他們採用全面退出世界的方式，使世界不再成為威脅——隱居避世，或萌生從困境中逃離的意願，或者擴大自己的心理或精神空間，以使外在世界變得渺小，從而獲得心靈的安寧。適逢其時，儒學漸衰，道家思想復興，有助於他們反觀內心，開掘自我精神世界。

漢末建安，大一統格局崩潰，三國分立，為個人實現自我人生價值提供非常機遇。儒學不再獨尊，各家思想興起，促進意識形態領域的思想解放，"人的自覺"和"文的自覺"發生了。春秋戰國時期是人類意識的自覺，即余英時先生所說的"哲學的突破"。"所謂'哲學的突破'即對構成人類處境之宇宙的本質發生了一種理性的認識，而這種認識所達到的層次之高，則是從來都未曾有的。與這種認識隨而俱來的是對人類處境的本身及其基本意義有了新的解釋"[12]。百家爭鳴時代，人從宗教迷妄中掙脫出來，對人類自身的價值有了理性的認識。漢魏之際，主要是人的個體意識的進一步覺醒，

---

12 余英時《士與中國文化》，上海人民出版社，1987 年 12 月，P28。

人從某種約束人性的道德觀念中解放出來，轉向注重自身生命存在的價值，所謂向外發現了自然，向內發現了自我，這是對生命自我的深刻體驗，也是人性的覺醒。

　　生命意識的自覺，也伴隨著孤獨意識、死亡意識、超越意識的覺醒。人們深切感到宇宙之永恆、人生之短暫，在茫茫世界中倍感孤獨無依，古詩十九首、建安詩文都充滿這種生命情味。由於強烈意識到個體之孤獨，便產生不安全感，於是就有試圖擺脫生命之孤獨感的願望，這就是對名譽的渴求。弗羅姆以為歐洲文藝復興時代的人也有這一特點，而中世紀社會結構裡的人至少不會如此強烈地渴求名譽。對名譽的渴望實際上也應是人的自我意識覺醒的表現。故弗羅姆說：

　　　　如果生命的意義有了疑問，如果與他人的及自己的關係不再提供安全，那麼名聲便是消除疑問的一種方式。它與埃及人的金字塔及基督徒的永生信仰有相同的功能：它把個人的生命從受束縛和不穩定狀態提升到堅不可摧的狀態。如果同代人知道自己的名字，並有希望流芳千古，那麼，借他人的價值判斷反映，他的生命便有了意義。很顯然，只有那些真正有辦法獲得名聲的社會群體的成員，才有可能這麼消除個人的不安全感[13]。

通常認為建安作家渴望建功立業，視文學為不朽的事業，乃是特定歷史時代人的價值觀、文學觀的體現，而從心理學角度又是另一種解釋。建安時代是人的自覺時代，按弗羅姆的話說，即"個體化"已然發生的時代，但正如前面所言，個體化也帶來不安全感，為了去除不安全感，有的是通過依附權威或擴大自己的心理空間，來擺脫孤立無依和不安全感，建安文人則突出表現為通過建立不朽的名聲，獲得最長久和廣泛的認同。原始儒家極為看重身後名，所謂"君子疾沒世而名不稱"，要"立德、立功，立言"而"三不朽"，建安作家的人生追求承襲了這一價值觀念，並在現實中身體力行。這與當時的歷史條件有關：一、大一統政權解體，為士人提供建功立業的機遇。二、三曹七子特殊的身份地位，他們即屬於弗羅姆所說的"那些真正有辦法獲得名聲的社會群體的成員"。三、人的自覺，使人深刻思考生命自身的價值，意識到宇宙之永恆、個體生命之短暫。四、

---

13 《逃避自由》，劉林海譯，P34-35。

文學觀念的自覺，文學地位獲得獨立，文學的價值被充分認識。

在特定歷史時期，覺醒的自我意識和濃厚的遷逝之悲，釋放了道德和理性的重負而使得對名譽和"不朽"的渴望具有生命熱度，其中更有建安文人試圖消除個人化過程所有的孤獨、不安全感及懷疑、焦慮的心理因素，漢末形勢也為他們建功立業提供條件，從而將原始儒家"三不朽"的理想付諸現實。

儒學中進有濟世思想，退有弘道精神，一旦現實政治發生變化，後者往往成為士人汲汲自勉的動力。兩漢地方勢力漸強，及至中央政權動搖，各地軍閥乘勢而起形成割據局面，猶如春秋戰國時代，諸侯勢力強大，凌駕於天子之上。其次，士進入政治中心或壟斷學術，通經入仕，成為累世經學、累世公卿的士族門第，在地方上也擁有其勢力，所以一旦中央集權瓦解，這些士族力量便應時而起。此外，當一統政權崩潰，維繫其統治的一統觀念也逐漸衰歇。大一統觀念固然是一種正統觀念，但"士"之所以為"士"，其核心精神並不在遵從這種觀念，他們的使命不是為了維持一個政權的存在，如果一個政權違反道義原則，他們必然予以反對，甚至推翻這個政權。事實上，政治權威往往與"士"所代表的文化傳統相違背，即"政統"與"道統"的衝突，士人要不選擇服從權威，要不獨善其身，或與"政統"相抗衡。因此，當專制集權統治鬆懈之時，學術領域往往呈現出自由活躍的氣象。

　　曹氏集團為當時北方的實際統治者。曹操在掌握實權之前，應該也算是一個"士"，當他挾天子令諸侯，權柄在握之後，他所代表的集團成員已成為"政統"的代表者。這個集團的核心成員兼有士人和統治者的雙重身份，既有士人固有的積極一面，也有成為宰制力量後之腐朽的一面。這是相當特殊的一個團體。即使如此，他們不能免除個體短暫生命與永恆時空的矛盾衝突及人世固有的種種煩惱，巨大的孤獨感同樣襲擊他們，比如曹丕。在太子之爭中，曹丕先是處於劣勢，此時他最能感受到個人的不安全感和孤獨，因此在他的詩文中總是裹著一層莫名的哀傷。作為一個敏感的詩人，四季節候的變化，人事代謝，都作用於他的心靈，他試圖將自己內心隱秘的體驗付諸文學，提出文學不朽的觀點，藉此祛除生命的孤獨和不安全感。

　　曹氏父子身為帝王公侯，與漢代在中央集權下生存的一般士人顯然不同，乃是"真正有辦法獲得名聲的社會群體的成員"，他們有條件"沽名釣譽"，所以他們對身後的名聲極為看重。這是特定歷史時代中的一群特殊人物。建安之後的士人就不一樣了，他們依然遵行著自己的人生軌跡，不過這時他們的身份和名稱也有變化，即"名士"。

兩漢士人原是藉儒學進入政治中心，儒家思想也滲入他們的人生信念和行事準則。漢末儒學式微，名、法、道諸家思想振興，也在改變著士人的人生觀、價值觀。在玄學思想影響下，士人的生活方式、人生目標發生很大變化。這些"名士"與漢代的博士、儒生在精神面貌上已大為不同，而具有更多道玄氣質。因此，從時間上看，東漢中葉以後名士、文人之出現，與士人地位的邊緣化及儒學衰頹的趨勢皆有關聯。這時期名士、文人雖然還帶著"士"的胎記，還是屬於"士"這個階層，他們所奉行的"道"雖然尚可理解為最高的精神、高於世間萬事萬物的思想準則，然而它更像是道家的自然之道。僅從"道"這個字眼來說，他們的確是秉承了"以道自任"的精神傳統，但"道"的實質已從儒之"道"變為道之"道"。

魏晉之交，司馬氏與曹氏爭權，現實政治環境甚為險惡，在一次次政治殘殺中，名士多受牽連，以致人心危恐。個體生命面臨巨大威脅，生命的孤獨感、不安全

感、無根感空前強烈。王朝更替，信念動搖，既無足使
人產生對權威的信賴，更無法去除個人的孤獨感和不安
全感。阮籍《詠懷詩》詠唱的正是這種生命至深的無奈，
他不知如何面對這巨大的變故，如何去適應這個世界，
"作為孤立的個人，他完全無助，所以極為恐懼。同樣
由於他的孤立，他與世界的一體被打破，也失去了方位
感，懷疑自我，懷疑生命的意義，乃至指導他行動的所
有原則，這些懷疑折磨著他"[14]。阮籍為此極為痛苦，
恃酒佯狂，窮途而哭。

　　阮籍並沒有以屈從權威，或以破壞行為，或全面退
出世界等方式，來掙脫不安全感、無權力感及邊緣化處
境。他也不是處在建安時代，並非"真正有辦法獲得名
聲的社會群體的成員"，以渴求名譽，抑壓個人的孤獨
感，他只能保持自我精神的某種"自由"——畢竟這時
已是人的自覺時代，但是這種"自由"乃是弗羅姆所說
的"消極的自由"。"消極自由本身把個人變成孤立的
存在，他與世界的關係很遙遠，也不信任它，個人自我
很軟弱，並時時受到威脅"[15]。消極的自由與積極的自
由之根本區別在於，它不是自發行為，而只是出於一種

14　《逃避自由》，劉林海譯，P183。
15　同上，P186。

無奈。

　　個體化的過程就是"日益的孤獨"。阮籍無法找到擺脫孤獨的途徑，只能處在"消極的自由"狀態之中，所以他內心萬分痛苦而無法解脫。這是魏晉交替之時，處在政治夾縫中的文人所有的心態。嵇康的處境基本上也是如此，但他比阮籍更能在心理上擴大自己，以使外面的世界變得渺小。嵇康在思想上更傾向道玄旨趣，他的內心比較平靜，精神也更為高蹈，只是險惡的政治環境及其"婞直"的個性使之最終亦無法自保。

　　魏晉易代之際，經濟、社會與政治環境不能作為實現個體化（個人自我實現）的基礎，同時，人們又已失去給予他們安全（或者說"束縛"）的那些紐帶，這種狀況"便使自由成為一個難以忍受的負擔。……於是人便產生了逃避這種自由的強烈衝動，或臣服，或與他人及世界建立某種關係，借此解脫不安全感，哪怕以個人自由為代價，也在所不惜"[16]。但是在王朝更替之時，沒有權威可以讓人依附，人們只能直面孤獨和獨享"消極的自由"，一如阮籍。

　　西晉政權建立，天下歸於一統，政治權威又得到樹

---

16 《逃避自由》，劉林海譯，P25。

立，思想領域則是儒道融合，由此而產生的玄學成為這時期社會文化的思想基礎，並作用於士人的人生。錢穆先生稱西晉統一政府為"迴光返照"，其政治之腐朽黑暗，史上亦不多見。雖然如此，三分局面結束了，新的統一政權給士人帶來希望，他們試圖擺脫長期的孤獨感、無權力感的壓迫，不斷把自己投入權力鬥爭的漩渦，為"建立新的紐帶關係"，急欲與外在世界融為一體，體驗與他所屈從的權威的同一性，以克服其個體生存的分離性。潘岳、陸機的仕途經歷及作為，其實正是這種心理的反映。

　　但是在"服從"的過程，主體丟棄了自身的完整性和自由，不得不為缺乏自由與獨立所具有的內在力量和自信心而痛苦。因為魏晉時期人的自覺畢竟已經發生，主體強烈感受到自我受抑的痛苦，在"力求建立一種同一意識的同時，破壞了個體的完整意識"[17]，自己實際上成為別人的附庸。"服從"顯然不是避免孤獨與焦慮的唯一方法。潘、陸最終也皆為政治所吞噬，唯有"屏息草澤"的張協身首得以保全。

　　西晉永嘉之後，政局紛亂，一部分文人亟欲匡時濟

---

17 《健全的社會》，〔美〕埃利希・弗洛姆著，歐陽謙譯，中國文聯出版公司。1988 年 7 月，P29。

世，建功立業，其詩文重在抒發個人的雄心壯志，詩風慷慨激揚，劉琨即是代表。另一方面，道玄思想盛行，為人們在紛繁悲苦的人生指出一條精神出路，大大拓展了個人精神空間，從而擺脫由現實壓迫所帶來的孤獨感、不安全感和無根感，並有效地使個人在心理上擴大自己，讓精神得到安頓。為此，郭璞欲高蹈於風塵之外，其遊仙想象恢廓而超俗，孫綽繼之則沉浸在玄遠的道境而興味盎然。道玄思想為中國古代文人開啟一個新的人生境界，這也是晉人如陶淵明"積極的自由"之思想基礎。

　　弗羅姆所說的"自發性"的自由活動絕非憑空產生。弗羅姆沒有說明它是否是個體化過程的成熟階段，但明顯可見的是，它應是人的自覺之最高表現，是對自我的肯定，是出於自由意志的活動，其前提要素是人格須整體而不能分割，即要有真正的獨立人格。魏晉時期思想解放的背景，促使人的自發性自由活動成為可能。隨著道玄影響力和滲透力之加強，人們逐漸從精神困境中突圍，及至高蹈，從而使"積極的自由"取代了"消極的自由"，這也是從郭璞到東晉文人及至陶淵明的心理發展趨向。

　　自世家門第形成之後，"士人"也就變成"士族"，士族之中又有門第高下之分。東晉時期形成一些高門大族，他們在政治經濟文化上都有獨立地位，穩定的經濟基礎又是一切自由的精神活動的保障。他們憑恃家族的勢力，以及從精神到物質所有的優越性，沒有普通士人所有的與世界相脫離的孤獨感、不安全感，因此他們在心理上沒有亟欲尋求社會認同之需要，因為他們就是世界的中心，他們是"真正有辦法獲得名聲的社會群體的成員"。不同於建安時代在於，偏安江南之相對和平的環境，門第中人在政治、經濟、文化各方面都有充足的資源，具備良好的家族教育條件，培養出大批的文學藝術家，但他們的作品少卻憂患意識，更多優雅從容的氣度，尋山訪水，談玄論道，悠然自得地盡享生命的歡宴。其次，受道玄思想的長期浸淫，他們在"道"的世界中找到精神的歸宿，人生固有的悲歡離合、生來死歸雖然也讓人心悸，但借助道玄佛的哲理，在精神上不斷予以超脫。他們已不在乎身後之不朽，而注重身前之適意。

不僅士族文人如此，這是彌漫整個時代的風氣，也是這個時代人的共同氣質。這個背景似乎是為陶淵明而準備。與東晉士族有所不同，陶氏的物質條件並不充分，他的"積極的自由"來自他獨立人格和自發性的精神需求，這或可看作是道玄思想長期影響的結果。如弗羅姆所言："在自我的自發實現過程中，人重新與世界聯為一體，與人、自然及自我聯為一體。"[18]中國的道家思想已達到這一境界。

　　所謂"積極的自由"，用弗羅姆的話說即**"在於全面完整的人格的自發活動"**[19]。這是一種自發性活動。"從心理學角度講，自發活動就是自我的自由活動，自發一詞的拉丁文詞根為 sponte，其字面含義為人的自由意志。……這種自發性的一個前提就是接受全面總體的人格觀念，摒棄割裂理性與人性的做法，因為，只有人不壓抑自我的基本組成部分，只有對自我一清二楚，只有生命的不同方面實現了根本的有機統一，自發活動才有可能"[20]。實現全部人格和積極表達其情感和理性的潛能，從而達到全面完整的人格的自發活動，這與道家崇尚自然的精神頗為相通。道家主張法天貴真、任物自然，反對偽飾，反對任何抑制人性自由發展的外在力量。弗氏也是肯定真實的自我，反對偽自我，"積極的自由就是實現自我，它意味著充分肯定個人的獨一無二

18 《逃避自由》，劉林海譯，P186。
19 同上，P184。
20 同上，P184-185。

性"[21]。而且，"積極的自由還意味著下列原則：除這個獨一無二的個人自我外不應再有更高的權力。生命的中心和目的是人，個性的成長與實現是最終目的，它永遠不能從屬於其他任何被假定的更具尊嚴的目的"[22]。"在這個社會裡，文化的目標和目的就是個人、個人的成長和幸福，生命再不需要成功或其他東西來證明，個人不臣服於，也不被操縱於任何自身之外的權力，無論是國家還是經濟機器"[23]。不僅是弗氏，西方一些哲學家同樣主張任性自然，反對權威、道德和理性對人性的壓迫，尼采就說："就道德蓄意制服各類生命而言，它本身就是敵視生命的慣用語。"（80年代遺稿選編）[24]烏納穆諾也說："凡是屬於生命的事物都是反理性的，而不只是非理性的；同樣的，凡是理性的事物都是反生命的。"[25]這些都與中國的道家哲學尤其莊子學說遙相呼應。

---

21 《逃避自由》，劉林海譯，P188。

22 同上，P189。

23 同上，P193。

24 《權力意志——重估一切價值的嘗試》，〔德〕弗里德里希‧尼采著，張念東、凌素心譯，商務印書館，1991年5月，P110。

25 〔西班牙〕烏納穆諾《生命的悲劇意識》，上海文學雜誌社，1986年10月，P34。

　　陶淵明"委運任化"的人生態度可見道家"因任自然"思想的影響，其仕隱經歷皆出自性分之本然，其行為是自發性的活動。他深知人無法真正脫離自然，他又不是被動地服從自然，而是以"積極的自由"，以一個自由而獨立的個人身份，也是以自發活動的勞動，協調個人化與世界的關係，再度把自己與世界聯繫起來。弗羅姆認為"這種自由的獲得要靠自我的實現，要靠的人應是他自己。"[26]而且，"自發行為是一種克服恐懼孤獨的方法，同時人也用不著犧牲自我的完整性。"[27]"判斷自由實現的惟一標準是看個人是否積極參與與決定自己及社會的生活，……包括個人的日常活動、工作以及與他人的關係"[28]。雖然弗羅姆是著眼於現代社會，但在陶淵明身上已然可見。

　　那麼自發性的活動將會帶來什麼結果？弗羅姆認為，只有自發活動才能找到真正的安全感（或曰"新的安全感"）：

　　　　這種安全與前個人化狀態的安全不同。同

---

26 《逃避自由》，劉林海譯，P184。
27 同上，P186。
28 同上，P195.

樣，這種新的與世界相連關係也與始發紐帶的相
連不同。新安全不是為了保護個人免受自身之外
更高的權力威脅，也不是生命的悲劇特性消失於
其中的安全。新安全是動態的，它不以保護為基
礎，而以人的自發活動為基礎。這種安全是人借
自發活動得到的，只要自發活動不息，安全便永
遠存在。這種安全只有自由能給予，根本無需幻
覺，因為它已消滅了幻覺的必要條件[29]。

　　這一論斷在陶淵明那裡也有深刻體現。那是看清人
世真相之後，明白自我安身立命之所在而發自內心的自
覺回歸，沒有躊躇，沒有懊悔和不甘，將生命交付與把
酒閒話的尋常時光、荷鋤夜歸的農家歲月。這是真正
"到家"的感覺，不必為宦海浮沉而驚懼，不再為名韁
利鎖所拘縛，一切都像日落月升、晨曦暮靄那樣自然而
至，讓拂去世俗塵埃的本心呼應著原初召喚。

　　自最早的伯夷、叔齊所發出的"安歸"之問，乃是
人們尋求安頓身心的願望表達。"安歸"之問，實際上
是人生觀、價值觀之本體論意義上的追問，也是關於人

29　《逃避自由》，劉林海譯，P188。

的精神歸宿的天問。夷齊、商山四皓或屈原，他們之所以絕望，皆因他們理想中的社會不復存在，或個人的意志受到壓制。雖然他們採取的進退出處方式不同，但他們都是有待於外：企望社會和諧，亟欲施展抱負。當理想社會不再出現或個人志向無法實現，他們以自絕的方式與這個世界相脫離，以篤守自我的理想信念。遺憾的是一直到陶淵明時代及至今天，權力欲望依然在主宰著這個世界，人們所嚮往的沒有戰爭、沒有殺戮、尊老敬賢的社會，只出現在陶淵明的“桃花源”中，在現實中不復存在。

　　路還在沿伸，戲還在上演，人生的悲喜劇尚未落幕，陶淵明並不是最後的“歸人”，我們也都是過客。人性覺醒之後，人們的精神出路多了，人的思維也活絡了。及至現代，物質文明的高度發展及科技進步，使人類更加自大，人性也在異化、物化、奴化，工具理性盛行，人文精神缺失，人們逐漸迷失了自我。人類不斷向自然掠取，造成生態失衡、環境污染，已成為世界性的災難。物欲橫流，世風敗壞，伴隨著精神危機和觀念扭曲，道德淪喪已突破底線。現代文明所帶來的種種弊害已遠遠超過夷齊及屈原所面臨的困厄。現代戰爭、殺戮、各種自然災害，依然在威脅著人類。當人類的欲望覆蓋著地球的各個角落，到處是"文明"所製造的塵囂；當權威力量控馭著人們的意志，自由精神也將隕滅。當現實的田園漸已荒蕪，這個社會不能為個人獲得自由提供應有的條件，當我們已沒有更多的選擇，我們只能努力開掘自我的精神空間，回歸本我，從而尋獲"積極的自由"。

一聲長長的"歸去來兮"，回應著伯夷、叔齊的安歸之問，擊碎曾有的迷惘與彷徨，呼喚迷路的人回家。

屈　原：迷不知吾所如

　　屈原形象定格在後人繪製的一幅畫裡，那是一個行走在水濱的孤獨者，高冠峩峩，長劍陸離，衣袂飄飄，形容枯槁。江風吹不散他眉頭的陰翳，他，就這樣懷揣著幾千年的憂憤，在故國的江畔，踽踽而行。

　　屈原（約前 340—約前 278），戰國楚人，曾是楚國的左徒、三閭大夫。其出身高貴，氣質超凡，"博聞強志，明於治亂，嫻於辭令"[1]。他有聰明的大腦，良好的教養，更有遠大的抱負。當時秦國正對楚國虎視眈眈，他不能不為此深感憂慮，也亟欲為君國效力。

　　他身著花紋絢麗的絲織朝服，站在楚宮寬大的殿堂中央，向百官高聲朗讀著楚王旨令。旋即他又忙著與楚王一起，去會見來訪的賓客。他總是步履匆匆，激情洋

1　《史記·屈原列傳》，中華書局，1982 年 11 月二版，P2481。

溢，因為他有太多的事情要做，太多的熱望與期待。當
國家舉行祭典時，他是主持人，在繽紛綺麗的宗教氣氛
中，他思接千載，心游萬仞，靈魂飛翔在超現實的世界
中。他大聲地向神靈告諭，祈求上蒼降福於楚國。他精
神抖擻地上天入地，釋放心靈的某些隱痛，宣洩現實中
的種種不滿，清掃著內心深處令他不快的塵埃，讓他的
心靈鮮潔如初，直至他的意志覆蓋著現實和超現實的領
域，控馭著整個世界。

他對酒沒有興趣，這使他時刻保持清醒。他的目光
清澈而犀利，從無倦意，惟在與神靈交語之際，眼波泛
起一片迷離，或在聆聽楚王聖諭之時，面色謙恭而溫
煦。此時，他神情肅穆地宣諭楚王聖旨，不曾理睬上官
大夫陰冷的眼風，正掃向他的臉部。他從來是敏感的，
也始終保持著高亢鬥志，那些污濁的事物令他無法接
受，人性的醜陋更令他鄙夷。他早就覺察到身邊的敵意，
但他堅信楚王對他的信賴，堅信"楚之同姓"的出身足
以抵禦奸邪的挑撥，何況"鷙鳥之不群兮，自前世而固
然"，他認定高貴必定戰勝卑鄙，邪惡無法壓倒正義。

然而，強烈的嫉妒總是令人瘋狂，上官大夫看不得
屈原志得意滿的神態，甚至屈原高貴氣質壓迫到他的神

經中樞，令他抑制不住滿腔的醋意而向楚懷王進讒：「王
使屈平為令，眾莫不知，每一令出，平伐其功，（曰）
以為‘非我莫能為’也。」結果是「王怒而疏屈平」[2]。
屈原很快從楚國的宮殿裡消失，從此沅湘之濱出現一個
孤獨的身影。

　　不久後，秦使張儀譎詐楚懷王，令其絕交齊國，又
誘使懷王之秦，拘留不歸，懷王最後客死於秦國。楚頃
襄王即位後，依然聽信讒言，屈原的處境並沒有得到改
善，而是再次遭到放逐。此時的楚國正在分崩離析，西
元前 278 年，秦將白起攻陷楚國郢都，楚國正滑向萬劫
不復的境地，屈原對人世僅存的一線希望徹底斷絕，終
於抱石自沉汨羅江。若干年後，楚滅於秦。

　　在貶逐流放生涯中，屈原並沒有一步走上絕路，他
還有過等待，等待楚君幡然醒悟，等待他能再次蒙恩？
彷徨於進退去取之間，他也在反省自己最初的選擇是否
錯誤：「悔相道之不察兮，延佇乎吾將反。」當他深知
自己的忠心不為君王所體察，他只能退而修身，自潔其
志：「進不入以離尤兮，退將復修吾初服。……不吾知
其亦已矣，苟余情其信芳。」（《離騷》）他反復思忖

2　《史記‧屈原列傳》，P2481。

著人生的道理，探究天地的奧秘，從歷史上君臣關係尋找可資借鑒的啟示。他向重華陳詞，求靈氛，問巫咸，扣天閣，訪佚女，將自己放逐於天地之間，上下求索，萬轉千回，企圖釋放憂思苦悶，尋覓知己。

可是一切都不如意。君王終不覺悟，那些神女要不性格乖戾，要不"理弱而媒拙"，皆無以相接。他所精心培育的"眾芳"也已蕪穢。在現實或幻想的世界中他都找不到出路，他只能以歷史上明君與賢臣遇合的事例自我激勵，在做無望的等待。終究，他無路可走，無家可歸，不得不準備遠遊他方，可是"忽睨夫舊鄉，僕夫悲余馬懷兮，蜷局顧而不行"。他無法棄故都而去，在眾人皆醉的濁世，他"迷不知吾所如"，卻不願改變初衷而與世浮沉："寧溘死以流亡兮，余不忍為此態。"寧可"伏清白以死直"，及至"從彭咸之所居"。

屈原身後留下驚采絕豔的詩作，還有其一生中諸多令人不解的疑惑，甚至有人認為歷史上本無屈原，因為在《史記》之前的古籍中找不到屈原的蹤跡，傳說漢人編著的《戰國策》中亦無關乎屈原的記載，倒是秦齊楚之間分合攻守之事及楚王昏庸之態不時可見。屈原生當此時，何以不見提及？

　　劉勰說"不有屈原，豈見《離騷》"[3]。《離騷》的存在就是屈原存在的證明。但是如何解釋先秦典籍中屈原的缺失？或許屈原當時在楚國的地位尚不高聳，他所擔任的左徒、三閭大夫等職務，不及上官大夫、令尹子蘭尊崇？甚至，他尚未真正進入權力核心，隨之旋起旋滅。似是而非的角色定位，短暫的政治生涯，邊緣化的位置，使他的身影瞬間消失在群雄奔競的時代煙塵之中。但是，他留下了詩歌。多年後，太史公看到這些情懷激烈、才氣橫溢的詩篇，同樣不如意的人生經歷，相似的精神氣質，吸引了司馬遷的注意並為他立傳，或許因此，屈原連同他的作品得以流傳後代。

　　屈原的最後結局也令後人不解。既然楚國君主不明，奸臣當道，屈原何不激流遠退，或者安命於貶逐的境遇，終老於沅湘之濱，又何必葬身魚腹？在戰國謀臣策士縱橫捭闔的時代背景下，朝秦暮楚，何去何從，自可順應潮流，何必吊死在一棵樹上。漢代人就為此大感不解，賈誼首先發問："何必懷此都也？"司馬遷就此評道："及見賈生弔之，又怪屈原以彼其材，游諸侯，

3　《文心雕龍註》，范文瀾註，人民文學出版社，1958 年 9 月，P48。

何國不容,而自令若是。"[4]揚雄認為楚國現實既是如此,屈原何以不聽從漁父的勸告,"遇不遇命也,何必湛身哉!"[5]班固也說:"且君子道窮,命矣。故潛龍不見,是而無悶。"也就是說屈原要安命。屈原卻"露才揚己,競乎危國群小之間,以離讒賊,然責數懷王,怨惡椒蘭,愁神苦思,(強)非其人,忿懟不容,沉江而死,亦貶絜狂狷景行之士,多稱崑崙冥婚宓妃虛無之語,皆非法度之政,經義所載"[6]。班固認為,屈原不能領悟天道運行的規律,不諳命運的玄機,不能遠離危國、群小及讒賊,可謂"非明智之器"。

劉安、司馬遷、王逸則比較理解屈原。司馬遷說:"其志潔,故其稱物芳。其行廉,故死而不容。自疏濯淖汙泥之中,蟬蛻於濁穢,以浮游塵埃之外,不獲世之滋垢,皭然泥而不滓者也。推此志也,雖與日月爭光可也。"[7]王逸認為屈原"懷忠貞之性,而被讒邪,傷君闇蔽,國將危亡,乃援天地之數,列人形之要,而作《九

---

4 《史記‧屈原賈生列傳》"太史公曰",P2503。
5 班固《漢書‧揚雄傳》,中華書局,1962年6月,P3515。
6 班固《離騷序》,嚴可均《全後漢文》卷二十五,1958年12月,P611。
7 《史記‧屈原列傳》,P2482。

歌》、《九章》之頌，以諷諫懷王。明己所言，與天地合度，可履而行也"[8]。又說"屈原放在草野，復作《九章》，援天引聖，以自證明，終不見省。不忍以清白久居濁世，遂赴汨淵自沉而死"[9]。

　　以司馬遷、班固為代表的兩種對屈原的不同看法，實際上代表著兩種價值觀和評判體系，一是肯定主體人格的純正偉大和為理想或道義而獻身；一是強調審時度勢的人生智慧而明哲保身。這也是兩種存在方式及兩種價值取向。屈原之所以選擇前者而非後者，原因或在於他"睠顧楚國，系心懷王"[10]。

　　生當風雲變幻的時代，屈原一心惦記著楚國的命運，希望楚國強盛，從而一統天下。其政治主張即對內舉賢授能，對外聯齊抗秦，讓楚國擔負起統一中國的重任，應該說這是符合當時楚國的實際情況。戰國時期的楚國國力尚強，確實也具備統一中國的條件，蘇秦就對楚威王說："楚，天下之強國也。大王，天下之賢王也。楚地西有黔中、巫郡，東有夏州、海陽，南有洞庭、蒼

8　王逸《九辯章句》，見洪興祖《楚辭補注》，中華書局，1983年
　　3月，P182。
9　王逸《離騷經章句》，見《楚辭補注》，P2。
10《史記・屈原列傳》，P2485。

梧，北有汾陘之塞、郇陽。地方五千里，帶甲百萬。車千乘，騎萬匹，粟支十年，此霸王之資也。”“故從合則楚王，橫成則秦帝。”[11]楚國歷來亦不乏忠貞之臣、有功社稷者。莫敖子華答楚威王問楚國自古以來有無“不為爵勸，不為祿勉，以憂社稷者乎”，曰“彼有廉其爵，貧其身，以憂社稷者；有崇其爵，豐其祿，以憂社稷者；有斷脰決腹，一瞑而萬世不視，不知所益，以憂社稷者；有勞其身，愁其志，以憂社稷者；亦有不為爵勸，不為祿勉，以憂社稷者。”[12]莫敖子華繼之一一例舉令尹子文、葉公子高、莫敖大心、棼冒勃蘇、蒙谷等人事蹟，予以說明。時至懷王，外則他國虎視眈眈，離間分裂；內因執政者舉措不當，國運轉衰。屈原身當其時，亦“勞其身，愁其志，以憂社稷”，如果楚懷王能採納屈原的建議，治國有方，屈原的政治理想未嘗不能實現。

　　屈原對懷王雖有怨懟之言，卻仍然“系心懷王”，

11《戰國策新校注》（上）卷十六“楚一”《蘇秦為趙合從說楚章》，繆文遠著，巴蜀書社，1987 年 9 月，P496-497。按：有人認為此章為“擬托之辭”，蘇秦所言亦有討好楚王之嫌，但多少可見當時楚國之強，未必完全無憑。

12 同上，“楚一”《威王問于莫敖子華章》，P510。

也許因為最初他甚得懷王的信任及重用："入則與王圖議國事，以出號令；出則接遇賓客，應對諸侯。王甚任之。"後來雖被疏被放，屈原依然對懷王抱有幻想，"冀幸君之一悟，俗之一改也"。然而，他所"系心"的楚懷王雖不是暴君，卻也非明智之人，以致司馬遷認為"懷王以不知忠臣之分，故內惑於鄭袖，外欺於張儀，疏屈平而信上官大夫、令尹子蘭。兵挫地削，亡其六郡，身客死於秦，為天下笑"[13]。屈原卻情系懷王，"指九天以為正兮，夫唯靈修之故也"，寄望懷王能聽進他的忠言，"然終無可奈何"。

　　既然如此，在後人看去屈原未必要一條道走到黑，他可以有其他選擇：除了去國離家，遊走各國，尋找自我價值實現的機會，亦可隨波逐流，不必較真，身在廟堂，心無妨思於山林。或者求為地方官，像莊子那樣當個小吏，兀自著書立說，冀土王侯。或者徹底遠離官場，高蹈遺世，隱居自保，侶魚蝦而友麋鹿。屈原時代亦是百家爭鳴時代，眾多智者散播自己的政治、哲學思想，或著書立說，宣揚主張，爭奇鬥妍，在屈原之前有莊子、孟子、惠施，其後有荀子、韓非。在人生觀方面，

13　《史記・屈原列傳》，P2485。

孔孟老莊都不主張不識時務一味進取，孔子認為有道則顯，無道則隱；孟子說"達則兼濟天下，窮則獨善其身"。老莊更是主張絕聖棄智，明哲保身。屈原卻不能審度進退去取，堅執留在楚國。當靈氛、巫咸勸其去國遠遊，別求明君，他認為世道幽昧，無人能理解他；漁父勸其隨波逐流，他答以"安能以皓皓之白，而蒙世俗之塵埃乎？"

　　屈原堅執自己的信念而不與現實妥協，不得不陷入"迷不知吾所如"的困境，這既是現實的困境，更是其心理的困境。究其原因大致有二：其一，困擾屈原的不僅是現實環境，更是他自身無法掙脫的固有觀念。屈原不願放棄自我所認定的價值追求，不願改變為君國效力的初衷，更無法擺脫君國觀念的制約，那怕楚王昏庸，小人當道，他也不願棄君國而去，這使他在現實險惡的環境裡缺乏迴旋的空間而進退失據。正當蘇秦、張儀、范雎、陳軫及靳尚等人出沒於諸國的政治外交場合，身為左徒的屈原轉瞬在官場中消失了，在實際政治中他已被邊緣化，只不過他的思想意識尚未退出王朝正統體系，這使他無法採取措施讓自己脫離險境，直至價值體系崩塌而絕望至極。而且，其政治理想是"法先王"，

以明君賢臣看待現實中的君臣關係，他自忖能當一個賢
臣，也希望楚王是一個明君。楚王任用小人，聽信讒
言，他要力圖勸導或等待楚王幡然醒悟，成為他理想中
的賢明君主，他自覺有此責任，何況“同姓無可去之
義”[14]。其二是為情所困。如果僅僅是家國觀念的拘
縛，不至於讓他如此痛苦以致絕望，情感牽絆也使之
無所適從。無論對楚君抑是楚國他皆滿懷深情，從而難
以面對舊君離世、故國淪亡的現實而走上絕路。對於懷
王，屈原有愛有怨，甚至有恨，因愛極而生怨恨，何況
懷王曾對他頗為賞識並委以重任，他自當難以忘懷。在
情感深層對楚王的感念或許混雜著隱秘的情愫，這種隱
情不一定關乎性戀，但發自真心，猶如歷史上真正的忠
臣對君主的感情，其中混雜著觀念的支配和人情之自
然。因而屈原的痛苦是雙重的：大到顧念國家社稷的安
危，小則君臣關係中最深層的情感糾葛，兩者皆使他無
法接受現實，更無法與之妥協，這種執著又藉其獨特個
性和熾熱情感及自我期許得到強烈呈現，因此他不可能

14　洪興祖《楚辭補注》：“異姓事君，不合則去；同姓事君，有死
　　而已。”（P16）“然（屈）原初未嘗去楚者，同姓無可去之義故
　　也。”（P18）

有第二種人生選擇。

在後人所認定的屈原作品中，不難看到他並非不知自己的處境，也試圖脫離困境。他深知人性之醜陋，也明白世路之艱險，甚至想遠遊他方，但他終究無法改變其個性和觀念，寧可以一己之力對抗現實。在《離騷》中顯然可見屈原的稟賦和趣尚，他的內心困惑及隱秘想望，都那麼與眾不同。他的軀體和靈魂為香花香草所熏沐而潔淨芬芳，出塵拔俗。他的情思一往而深，他的想象力蔥蘢蓊鬱，他的心靈充盈著蓬勃詩意，他的信念堅定執著，情感真摯熱烈。他有遠大的抱負、強烈的使命感和責任感。其品性之高潔猶如他通身佩戴的花草馨香馥鬱，不可玷污，不可褻玩。他不能容忍世間的污濁，也不願與世俯仰，隨波逐流，何況家國安危、君主舊恩，都不是他所能忘卻。不能為君國效力，但求一己的榮華富貴——這不是他想要的人生。他的勃勃進取心和高傲秉性，使他不可能與群小沆瀣一氣，在關乎楚國命運的政治格局中，他無法忽視自己的存在。當家國淪亡、君王蒙難，其內心的聖殿也轟然坍塌，他不可能承恩於他國君主，不可能像蘇秦、張儀那樣暮楚朝秦，為了世俗的功名利祿而苟活於世。所以他不僅不能一步

走進山林、田園，浪跡江湖而不回頭，他甚至不能離開
楚地而自謀生路，他還有太多的期待，太多的火氣，太
多的放不下。無論對君國或對個人，他的情感都是真摯
而熱烈，他不能忍受這種純真為污穢的現實所侵蝕，正
如真摯的情感不能忍受背叛或疏離。他的信念和情感如
此專一，所以他不會為了自己過得如意或只是保命而離
開楚國，因為在他那裡，信念、忠誠和尊嚴遠比生命更
可貴。

　　後人對屈原的人生選擇有所不解，對他的深衷更有
誤解，那就是屈原被加工成愛國忠君的樣板。在封建君
主制時代，君王至高無上，握有絕對的生殺大權，對君
主惟命是從乃天經地義，故儒家思想中的“忠”尤為歷
代統治者所熱捧，正統家也極力強調對君主的絕對尊
崇。屈原固然有“忠君”的意識，所謂“竭忠誠以事君
兮”，“思君其莫我忠兮……事君而不貳兮”（《惜
誦》），但屈原所表達的對君主忠誠，其前提是相互理
解和尊重，而非絕對的服從，更非邀寵。所以當其忠心
不為接納，也就發出“反離群而贅肬”、“忠何罪以遇
罰兮”的質問，以致屈原詩作中所表現的對君主態度，
在班固眼中是“顯暴君過”。司馬遷所謂“其存君興國

而欲反復之，一篇之中三致志焉"，重在說明屈原的赤誠之心。王逸等人則著眼其"忠貞之性"、"忠信之道"。有意強調屈原"忠君"大概是漢以後的事。將愛國與忠君等同的做法又顯然是將國與君混為一談。在封建集權統治下，國屬於君所有，故曰"普天之下，莫非王土"。愛其國也就等於愛其君，反之亦然。後來所謂愛領袖（君）也就是愛國，甚或愛党就是愛國，其思路和意圖一脈相承。"忠君愛國說"在後代甚囂塵上，成為屈原獨有的標籤，屈原也被鍍上金身，變成主流極力推崇的一尊偶像。頗有諷刺意味的是，歷代統治者都極力宣稱屈原之"忠君"，可是"忠君"如屈原也難逃皇權政治帶給他的厄運。

屈原的意義顯然不在於愛國或忠君這個層面，而是他具有堅定的信念、深摯的情感、高貴的人格、鮮明的個性。無論對國家，對民生，對自己的內心，屈原都是那麼真實，這使他似乎不諳世故，異常執著。他只是純純地愛著那方生養他的土地，他也不掩飾自己的情感，對楚王，對後生，對奸佞，他或愛或恨，直接而熾熱。所有的情感質素在其人格光芒映照下，那麼本色涓潔，他是一個標誌，是一種純粹。在戰國勾心鬥角、爾虞吾

詐的環境裡，作為理想主義者，他顯得那麼孤獨、無助，
卻依然孜孜不倦地追尋自己的理想，努力淨化自己的身
心。而且，他敢於以一死衝破皇權的牢籠，發出對權力
體系的強烈抗議，從而煥發出作為個體的自由意志，成
就其巨大的人格魅力。屈原的高潔志趣與其純真人格
融為一體，那是人類青春時代的遺存，與更早的許由
臨流洗耳，及伯夷、叔齊寧可餓死首陽山等行為一脈相
通，這種至純至真，呈現著人性的高貴，也是那個時代
信仰高於生命的標記。

　　若以“常理”難以完全理解屈原，因為“常理”多
少帶著“世故”。後人多從保命哲學、生存策略，主張
與世俯仰，屈原對信念和情感如此執著，畢竟為常人所
難理解。尤其封建專制政權建立之後，政治越來越顯示
其殘酷性、不確定性，即使你有滿腔的熱情投入其中，
或有足夠的能力治國安邦，未必就能施展抱負，甚或死
於非命，以致對信念的堅守到後代越來越不易。日益紛
雜的社會環境，愈益澆薄的世道人心，更加險惡的政治
環境，人們不得不變得世故圓通，乃至狡獪，屈原所有
的政治操守和精神潔癖已被醜陋現實所捨棄所玷污，在
溷濁的官場固守屈原式的忠貞更見困難。

　　無論在中國歷史、精神史或文學史上，屈原都是極為特異的存在，他在後代產生的效應至少有三方面：在政治層面，歷代統治階級對屈原並無抵觸，且根據其需要把屈原塑造成忠君愛國的楷模，因此屈原不得不成為政治宣傳的形象代言人。也許他們認為屈原即使有再多的怨言，並沒有反叛君主而始終以王朝為正統，卻不曾認識到屈原自殺就是對皇權統治的最大反抗。在精神層面，屈原高貴堅貞的人格和出污泥而不染的品性，具有後人難以效法的榜樣力量，尤其純真、熾熱、誠摯的情感特質和鮮明個性，構成其獨一無二的巨大形象，其深長的背影足以籠罩古今，這也是屈原留下的極有價值的精神遺產。在文學方面，其芳菲悱惻的楚辭令後代眾多文學家為之傾倒，“其衣被詞人，非一代也”，影響遠及整個中國文學史。史家無論是感歎屈原不能參悟命運的真諦，還是激賞屈原人格之偉大，他們都不得不肯定屈原才華蓋世。即使班固認為屈原《離騷》之“虛無之語”“皆非法度之政，經義所載，謂之兼詩風雅而與日月爭光，過矣”，也不得不承認“其文弘博麗雅，為辭賦宗。後世莫不斟酌其英華，則象其從容”，又說屈原

“雖非明智之器，可謂妙才者也”[15]。

　　當政治截斷生路，文學卻慰勉著屈原的心靈。作為政治家的屈原，政治拋棄了他；作為詩人，文學讓他獲得不朽。當他進入沅湘的山林川澤，進入楚國奇幻的宗教世界，在超現實的迷幻裡，附帶尋找個人的精神出路，放飛他的靈魂。他的火氣和激情從而一瀉千里，孕育出才氣縱橫而情思悱惻的詩篇。文學承載著他諸多的痛苦，也釋放其無從安置的愁思，傾注一泄千年的郁勃詩意。巫覡身份使其詩人氣質更加凸顯，邊緣化的地位令他變得更加敏感。在文學的撫慰下，他不斷地絮說，不斷地反芻人生的況味，他的詩思飛逸於塵寰之上，超越了世俗的庸陋和卑污，創造出極為深邃的美學意境和浪漫氛圍，這並不是什麼比喻、象徵手法的應用，而是真正發自詩人內心深處的蒼茫意緒所自然生成的心境和詩境。因此香氣氤氳的詩中世界絕不僅是文學手段的渲染，而是其潔淨純真的精神世界的外化，那是詩人高貴人格、純淨心靈、熾熱情感所合成的有別於世俗中人的精神長相，故有最為天然、撼動人心的審美力量。

　　在文人精神史和心態史上，屈原的經歷已預示著士

15 班固《離騷序》，《全後漢文》卷二十五，P611。

人自我實現與現實政治之間的潛在矛盾，也預示著官員出身的文人終將在官場之外安放自己的身心，或者游離於廟堂與山林之間，開墾自我的精神淨土。"皎皎者易汙，嶢嶢者易折"，從屈原的命運和最終結局，不難預見未來的文人將面臨的困境——任何企圖協調個人意志與政治權威關係的幻想都將落空。還有許多故事將要發生，更多悲劇都要上演。於是，從屈原而陶淵明，成為古代文人必須經歷的角色轉換，從官場走向田園也是一條必歸之路。這一過程漫長而坎坷，但已別無選擇。

屈原離去了，不知他最後歸往何方？他的靈魂是否與他的軀體一起深藏水底，任由清水不斷漂洗他的身心，滌除世俗的污垢和歲月的沉渣？他一定不會走向遙遠的田園，他可能更願意在澄淨的水中保存自身的清白，安放自己的心靈。在故鄉的水域，遙看紅塵滾滾的人世，聆聽奔競不止的足音，還有無窮盡的狂呼、哀嚎、呻吟、歎息……，直至消失在他不能達至的遠方。

賈　誼：遇或不遇

　　屈原最終不忍去國遠遊而投水自盡，漢代人對他的
這種選擇頗示不解。賈誼首先就發問："歷九州而相其
君兮，何必懷此都也？"揚雄也認為屈原何不聽從漁父的
勸告，隨波逐流，"何必湛身哉？"漢末蔡邕也說："皇
車犇而失轄，執轡忽而不顧；卒壞覆而不振，顧抱石其
何補？"[1]也就是說，楚國就像一輛失控奔走的馬車，已
無可救藥，何必為其抱石沉江？在他們看來，屈原應該
學會放棄，不必認死理，因為除了沉江之外，還有其它
的路可走，何必把自己逼到絕處。漢代就不一樣了，中
央集權制建立之後，普天之下，莫非王土，你能往哪裡
去？司馬遷、東方朔、揚雄、班固在他們的文章中都說

1　蔡邕《弔屈原文》，見張溥《漢魏六朝百三家集（一）·漢蔡邕
　　集》，上海古籍出版社，1994 年 8 月，P1412-491。

到漢代士人的處境。賈誼則最先感受到這種"時異事異"的變化。

賈誼（前200－前168），河南洛陽人，約於屈原去世八十年後出生。《史記》中把屈原與賈誼並為一傳，可能司馬遷認為屈賈二人遭遇頗相同，個性也有所類似。最初二人都為君主賞識，得到重用，最後皆因受人所讒，被君主疏遠，遭到流放或貶官。此外，賈誼貶長沙太傅，經汨羅江，憑弔屈原，寫下著名的《弔屈原賦》，賦中對屈原的遭遇深表同情，很有惺惺相惜的意思。所以明代張溥說賈誼："太史公傳而同之，悼彼短命，無異沉江。漢廷公卿莫能材賈生而用也，蔽于不知，猶楚讒人耳！"[2]觀賈誼幾篇賦作，皆有傷悼自己命運多舛之意，果如張溥所料也未可知。

據《史記》本傳記載，賈誼年十八，"以能誦詩屬書聞於郡中"。當時任河南守的吳廷尉，"聞其秀才，召置門下，甚幸愛"。漢文帝即位後，吳廷尉向文帝推薦賈誼，"乃言賈生年少，頗通諸子百家之書。文帝召以為博士"。其時賈誼年二十餘，在朝臣中年紀最小，然而，"每詔令議下，諸老先生不能言，賈生盡為之對，

---

2 《漢魏六朝百三家集（一）‧漢賈誼集題詞》，P1412-3。

人人各如其意所欲出"。漢文帝大悅，於是一年中任賈
誼為太中大夫。賈誼因此得以參與頒定法令政策，"諸
律令所更定，及列侯悉就國，其說皆自賈生發之"[3]。但
不知為何，賈誼後來被疏被貶，直至最後因梁懷王墮馬
殞命，他也鬱鬱而終，年僅三十三歲。

　　至於賈誼何以為文帝所疏，原因比較模糊。司馬
遷、班固都說賈誼少年得志遭到他人嫉恨，周勃、灌嬰
等人向文帝進讒，以致文帝疏遠賈誼，並讓他離開中央，
出任長沙太傅。數年後賈誼又被文帝召回，不久拜為梁
懷王太傅。對此說法，後人有疑問。張溥就認為史傳沒
有說出真正原因，於是只能作"漢廷公卿莫能材賈生而
用也"泛泛猜測。班固、蘇軾、李贄等人卻以為賈誼不
可謂不遇，因為漢文帝畢竟是歷史上少有的賢君之一。

　　士人遇或不遇是關係到士人自身命運的問題，具體
而言，測定遇或不遇至少有兩個指標：一是君主是否瞭
解你，欣賞你的才能；二是君主是否能重用你，使你的
才能得到有效發揮。通常一個人要讓別人瞭解或接受就
極難，而在人才濟濟的朝廷，有忠正不阿的，有溜鬚拍
馬的，有以色事君的，要讓君主只聽你的，豈不是難上

<hr>

3　《史記‧賈生列傳》，中華書局，1982 年 11 月二版，P2491-2492。

加難，除非你遇到明君了，可是歷史上有幾個明君？士人不遇，人們通常是責備君主不懂用人，甚或說他是昏君。問題是有的公認是"明君"，也有委屈人材的，所謂"屈賈誼於長沙，非無聖主"。於是蘇軾《賈誼論》提出"自用"的問題。

　　自從士人進入仕途，開始為獨一無二的君主"效勞"，便須面對一個急迫的問題，即如何協調與君主的關係。不是當一個實話實說的忠臣就萬事大吉，況且君主大凡聽不進逆耳之忠言，否則就不會有剖心的比干、出逃的箕子、投江的屈大夫，以及以滑稽突梯自保的東方朔等數不清的臣子。當士人明白這一道理時，前驅者已為此付出許許多多血的代價。後人從前人的經歷中也在不斷總結為官經驗，學會如何與君主打交道，這就是在事君之時，更須學會如何自用。"自用"不僅要學會"獨善其身"，更要學會如何適應君主，得君之勤。前者即蘇軾所說的"愛其身"，後者即其所言"愛其君"。愛身至，愛君厚，也就是前人所說的"修身以待天命"。屈賈二人顯然都沒有做到這點，他們憤懣抑鬱，自殘其身，終至夭亡。無論明君還是昏君，其實都靠不住。前者太有主見，很難聽進他人之言，即使他願意

廣開言路，但未必時時、事事都得聽取你的意見。後者
既已昏昧，只能對牛彈琴，弄不好禍及自身。將希望寄
託在他們身上絕不可行。因此與其改變別人，不如改變
自己，按蘇軾的話說，這時就要"默默以待其變"。時
運不濟，且須忍耐，"夫謀之一不見用，則安知終不復
用也"。"夫如此而不用，然後知天下果不足與有為，
而可以無憾矣"。蘇軾甚至認為："古之賢人，皆負可
致之才，而卒不能行其萬一者，未必皆其時君之罪，或
者其自取也。"[4]

　　賈誼在其短暫的一生，向文帝提出許多治國方略，
"於是天子議以為賈生任公卿之位"[5]。就今天所留存的
賈誼文章來看，其《論時政疏》、《論積貯疏》、《上
都輸疏》、《請封建子弟疏》、《諫立淮南諸子疏》等
奏疏，對當時政治經濟問題提出許多具體看法和建議。
其主張有：控制藩國勢力；撤除關防；禁止民間鑄錢，
使鑄錢權力歸於中央；廢大夫之刑；重農輕商，以及主
張統治者要居安思危，治國以道。即如張溥所言："賈

4　蘇軾《賈誼論》，引自《新書校注》，閻振益、鍾夏校注，中華
　　書局，2007年7月，P561。
5　《史記・賈生列傳》，P2492。

生治安策，其大者無過減封爵、重本業、教太子、禮大臣數者，于天子甚忠敬，于功臣宿將無不利也。"[6]

既然賈誼的主張于天子大臣皆無不利，何以卻被文帝疏遠而見放湘潭？張溥對此表示不解，認為"即漢大臣若絳、灌、東陽數短賈生，亦武夫天性，不便文學，未必讒人罔極，如上官子蘭也"[7]，意即絳侯、灌嬰等人跟上官大夫、令尹子蘭還不同，他們只是"武夫"，"不便文學"，並不是"讒人"。漢文帝更是史上有名的賢明之君，卻對賈誼"怒之深而遠之疾，何為乎？"於情理上說，確實很難明瞭賈誼為文帝所疏的具體原因。

究竟絳、灌等人何以讒之？史傳說是出於妒忌賈生年少得志，但蘇軾認為是賈生與絳侯等人過不去，不能容人。絳侯（周勃）於文帝有功，漢惠帝無嗣，大臣迎立文帝，周勃跪上天子璽符。灌嬰滅呂氏，為高帝之舊將。他們與文帝的君臣關係情同父子手足，但賈生之策"盡棄其舊而謀其新"，得罪了絳灌諸人。蘇軾認為，賈誼要改革政治不是不可，只是不宜操之太急，等到"上得其君，下得其大臣，如絳灌之屬，優遊浸漬，而深交

---

6 《漢魏六朝百三家集（一）・漢賈誼集題詞》，P1412-3。
7 同上。

之，使天子不疑，大臣不忌，然後舉天下而唯吾之所欲為，不過十年，可以得志”。賈誼可能年輕氣盛，不懂如何協調與其他大臣的關係，以致遭到圍攻。蘇軾很不客氣地說：“賈生志大而量小，才有餘而識不足。”呂留良《賈誼論》則站在文帝的角度立論，認為文帝並非不用賈誼，而是等待時機。文帝時朝臣多是高祖功臣，諸侯亦天子之叔伯兄弟，要不就是功臣之後，所以不便裁抑勳舊，損削侯王，否則“大或至於召亂，小亦必至讒沮”。“是故出以老其才，靜以俟其用，計絳灌諸臣衰退之年，當賈生強邁之日，於是舉而授之，此所謂明君用臣之心也”。其言外之意仍然有所責怪賈誼求之過切，與蘇軾的意見頗為相近。

　　那麼，賈誼本人又是什麼心態？觀賈誼之文，時有“流涕”、“太息”之類的字眼，即使在其奏疏中也十分常見。其《陳政事疏》曰：“臣竊惟事勢，可為痛哭者一，可為流涕者二，可為長太息者六。”[8]梁懷王墮馬死，他又是“哭泣歲餘”，“常哭泣”，及至抑鬱而歿。看來他是一個容易感傷、性格比較柔弱的人。

　　人之所以哭泣，多半因為他敏感、憂傷、痛苦，或

8 《漢書‧賈誼傳》，中華書局，1962 年 6 月，P2230。

是同情、悲憫，正所謂"靈性生感情，感情生哭泣"，
"其感情愈深者，其哭泣愈痛"[9]。常言說"男兒有淚不
輕彈"，一旦男兒淚奪眶而出，其內心該是何其沉痛。
如果一個人麻木到不會哭，大到國家的命運，小到他人
的悲慘遭遇，都不能觸動他的柔軟心，能說他還有人性
嗎？哭泣是人類情感的展露，是一份人間的情愛。烏納
穆諾《生命的悲劇意識》說道："生命本身就是缺憾，
只是我們之中的某些人能夠感悟到這份欠缺，而其他的
人卻不能夠。""聖殿之所以尊貴莊嚴，就因為它是人
們共同前往哭泣的地方。"[10]

　　中國魏晉時期的人亦好哭泣，著名有阮籍的"窮途
而哭"。另有王戎（一說王衍）喪子悲不自勝，山簡安
慰他說："孩抱中物，何至於此？"王戎回答說："聖
人忘情，最下不及情，情之所鍾，獨在我輩。"這是魏
晉人"深情"的一種表現。正如劉鶚所言："然則哭泣
也者，固人之所以成始成終也。其間人品之高下，以其
哭泣之多寡為衡。蓋哭泣者，靈性之現象也，有一分靈

9　劉鶚《老殘遊記·自敘》，人民文學出版社，1957 年 10 月，P1-2。
10　〔西班牙〕烏納穆諾《生命的悲劇意識》，上海文學雜誌社，寫
　　作參考系列之五，1986 年 10 月，P17。

性即有一分哭泣，而際遇之順逆不與焉。"[11]在劉鶚之前一個世紀左右，曹雪芹《紅樓夢》中的林黛玉也是一位好哭者，她也是《紅樓夢》中最多愁善感、最聰慧的女子，花開花落都會引起她無限感傷，令她揮淚不止。雖說作者為林妹妹愛流淚安排了一段神秘的因緣，但也是林黛玉天賦靈性之顯現。林黛玉之哭又何曾不是曹雪芹之哭？故劉鶚說："曹雪芹寄哭泣於《紅樓夢》。"

　　賈誼之好哭是他文人氣質的一種表現，也是其"靈性"之顯露。作為一位政治家，他的思考是冷峻深刻的；作為一個文人，他的情感又極為鮮活敏銳，這使他與周勃、灌嬰等人顯然有別。絳、灌之輩身為武夫，他們對政治缺乏敏感性，只要他們不謀反，統治者對他們也不以為意。他們不參與決策，在思想意識上與最高統治者不構成直接衝突。賈誼則不然。賈誼"能誦詩屬書"，為"秀才"，"頗通諸子百家之書"，又被文帝召為博士。但是賈誼不是囿於一經的儒學經生，其思想固然以儒家成分為主，同時受時代風氣影響，亦兼通法家、道家，這使賈誼看待現實問題有更大的思想幅度，不同於皓首窮經的腐儒。在對屈原發出"何必懷此都"

11　《老殘遊記・自敘》，P1。

的疑問中，既有對屈原生逢"士無定主"時代而不選擇去從感到惋惜，也潛藏著賈誼隨遇而安、能屈能伸的處世心態。其《鵩鳥賦》更是旨在闡發"知命不憂"的思想。只是道家思想對於賈誼這樣亟欲有為的政治家來說，更多還是停留在理論上的認識。

由於道家思想的介入，賈誼看問題的角度與屈原也有一定差異，比如屈賈二人作品中都用到傅說的典故。屈原著眼於傅說抱德懷才，卻遭刑罰，操築作於傅岩。武丁夢思賢者，以其形求之，得傅說於版築之間，登以為公，道用大興，為殷高宗。屈原以此說明賢者必遇，故要堅守己志，等待明君。賈誼卻從這一典故中看到禍福相倚的道理："傅說胥靡兮，乃相武丁。夫禍之與福兮，何異糾纏。命不可說兮，孰知其極？"[12]對禍福無常的認識可能也使賈誼缺少屈原那樣對信念的執著和堅守，情感的豐富性又使他無法不在意個人的心靈體驗。但道家思想尚不是他人生觀的重要構成，只是無奈的慰藉。在舉足別無出路，深衷不為人理解之時，他既不能像屈原那樣投江，就只能安命——卻又難以做到真正安命。也許他在期待禍去福來，可是他多愁善感的詩

---

12 《史記・賈生列傳》，P2498。

人氣質，不得不讓他內心自煎自熬。雖然文帝是一位賢君，但是大一統政權下，權力的高度集中，對於人的個性自由乃是一種鉗制。生性敏感的賈誼率先感受到專制集權對人性的壓迫，因此產生受挫感、無權力感，從而抑鬱、痛苦，及至憂傷而死。而多思善感的個性心理，對於從事政治的人來說，顯然不利。所以後人說："始以痛哭自薦，終以哭泣自亡，觀其氣象，必非動心忍性者，不能動心忍性，則必不能當大任也，而伊、管豈若是班乎？雖然，據其言則誠一忠臣也。"[13]

　　賈誼並不像通常意義上的"忠臣"，在他身上還有明顯的先秦士人的精神氣質，他不過想借助文帝之力實現自己的政治理想與人生追求。他嚮往的是春秋戰國時期士的境遇，還想爭取士的平等獨立的政治地位，尚不能適應新的政治環境下的君臣關係。正如其《大政下》所言：

> 　　故夫士者，弗敬則弗至；故夫民者，弗愛則弗附。故欲求士必至、民必附，惟恭與敬、忠與信，古今毋易矣。……故有不能求士之君，而

13　朱圖隆輯《賈太傅新書總論》引楊時語，見《新書校注》，P569。

> 無不可得之士；故有不能治民之吏，而無不可治
> 之民。

> 故士易得而難求也，易致而難留也。故求士
> 而不以道，周遍境內不能得一人焉。故求士而以
> 道，則國中多有之。此之謂士易得而難求也。故
> 待士而以敬，則士必居矣；待士而不以道，則士
> 必去矣。

甚至他還說："國之治政，在諸侯大夫士。"或許他依
然以"士"自居，並以"士"之使命自任，為此他向文
帝上奏，有時口氣不很恭敬，對待其他大臣也時有"不
遜"。後人對此有評論。何孟春《賈太傅新書序》曰：
"今觀其建白間，所謂'非愚則諛'，所謂'猶為國有
人乎'，'亡具甚矣'，大臣'恬而不知怪'，俗吏'不
知大體'，盡斥在廷之臣，既以為進言之不臧，又以為
獻計之無識。至其自許，則曰'何不一令臣得孰數之於
前'，'使少知治體者得佐下風，致此非難'；又曰'曾
不與如臣者孰計之'，其不遜如此，欲眾毋怨，得
乎？"[14]張栻也說："賈生英俊之才，所陳治安之策，

---

14 見《新書校注》，P523-524。

可謂通達當世之務，然未免有激發暴露之氣，其才則然也。"[15]其實這未必是他恃才傲物之表現，更多是思想認識方面的原因。讓"諸侯大夫士"在現實政治中發揮積極主動的作用，這種見識遠遠高出那些為正統思想所左右的人，但由此招來被忌被疏的結果，自當不免。

現實的政治環境變化了，士人的角色也在發生相應的改變，賈誼卻天真地期望還會有春秋戰國時期那樣雲龍風虎的君臣際遇。賈誼也來不及像後來東方朔等人對全局看得更清楚，他可能還沒意識到專制集權對人性自由的壓迫是一種必然的結果，因為漢文帝時的政治相對還比較開明。漢朝初年，制度尚在建立和完善的過程，對士人思想個性的禁錮也不至於過分嚴重，比如養士風氣一直到漢武帝時還存在。但是以賈誼之敏感，已經有意無意察覺到士人所將陷入的境地，所以他對屈原何不去國遠遊表示不解。這是周勃、灌嬰等"武夫"所不曾有的認識，他們也無法感受到賈誼的痛苦。在賈誼身上，無論其心靈體驗，抑或命運遭遇，已經預示了專制集權下士人將要面對的處境，後來者也開始調整自己的心態，甚至變換角色，以適應新的環境。

15　朱圖隆《賈太傳新書總論》引，見《新書校注》，P570。

　　賈誼的遇或不遇問題在後代引起廣泛討論，有的認為賈誼並非不遇，其一生也算無憾了。有的認為賈誼還是遇到明君，只是他不懂得自用，不能容忍，自傷夭亡。也有指責文帝不知重用賈誼，反而聽信絳灌等人的讒言而疏遠賈誼。也有的說絳灌等人乃是賢臣，而是文帝寵愛鄧通，賈誼看不起鄧通，於是鄧通"恨而擠之，因漸見疏"（全祖望語）。還有人認為文帝並非不用賈誼，而是等待時機，等到絳灌等人退休之後，再起用賈誼，可惜賈誼不能等到那時，這是天命。有人卻認為，依賈誼的個性及其行事風格，假使他不是英年早逝，活到景帝、武帝之時，處在袁盎、晁錯之間，恐怕"忌興謗集，身且弗保"，言外之意賈誼早死也許不是壞事。

　　令人感到饒有興味的是，賈誼現象為何引起後人如此濃厚的興趣？可能這關係到士人的自身命運。賈誼與文帝屬於比較正常的君臣關係，賈誼的遇與不遇涉及到在大一統政權之下士人如何與君主共事等複雜的問題，賈誼的命運對後人是警示還是教訓，都值得後人思考，不僅要思考如何協調上下級關係，更要思考如何自用、自處等現實問題。

司馬相如：賦家之心

　　秦並六國建立起第一個封建專制帝國，但由於權力運作操之過急，士人踔厲風發意氣之消失遠不如政權的創立來得迅速。當儒生搬出大套治國道理評說時政，始皇帝不能不採用果斷猛烈而不失殘暴的手段將他們置於死地，中國歷史上政治權威與文化傳統之激烈衝突，最終釀成"焚書坑儒"這一白熱化事件。春秋戰國時爭鳴不已的局面不見了，思想家跫音杳然，憤世者的呼聲驟然消沉下去。剛開始建立專制政權的秦代由於經驗不足而又不屑採納百家之言，旋即也結束其短暫統治。

　　代之而起的劉邦，以其平民出身，沒有高高在上的武斷傲慢，反而成就大漢帝國的基業。劉邦成功的一個招數就是善於用人，他基本上繼承了先秦有為君主的工作作風，廣開才路，任人唯賢，被他擊敗的項羽之致命弱點正有悖於此。劉、項在政治軍事上最終之成敗，實際上關係到對先秦以來士子地位及待遇之認識的深淺，劉邦在這方面顯示出作為大漢帝國開國之君的風度。他的聰明同樣還表現在大功告成之後，充分意識到功臣名將對他一家一姓江山所構成的威脅，也許這只是他的敏感，但他還是防微杜漸，變換花樣翦滅曾經為他效犬馬之勞的功臣。"狡兔死，走狗烹；飛鳥盡，良弓藏"，此後成為封建統治者諳熟於心、防止政權旁落的秘訣，士人才子只是他們用以掠奪權位的工具打手。"只可共患難，不可同享樂"，更使後代開國功臣無不對此心懷恐惕，越來越多的教訓警示他們"功成身退"乃是勳業成就之後唯一明智的選擇。

真正想在政治上一展抱負的"義士"、"策士"、"謀士"率先遇到危機，他們原來幻想的政權應由士人君主共擔，君尊於上、臣敬於下的理想藍圖，被獨裁政治一拳擊碎。獨裁者不需要有人與之共享成功的果實，所謂"臥榻之側，豈容他人酣睡"。士的自由活動空間往往只存在於世道紛亂、朝綱無紀之時，這時未來的獨裁者尚未確立他一家一姓的政權，需要士人幫助他們登上君主的寶座，功成後再棄之如弊屣。

司馬相如

　　士之原初純真美好的願望被褻瀆了，他們也漸漸學會如何放棄自己不切實際、大而無當的理想，在亂世危時憑藉某種勢力為自己創造政治資本，以獲取利益，或者是名，或者是利，政治合作實際上成為名利交易。士人似乎總是比君主更聰明一些，他們有意無意地讓已登基的君王解除顧慮：他們對江山其實不感興趣，只是想從中攫取某種實在的好處而已。於是君臣相歡，君主高倡唯才是舉，臣子則不失時機地獻媚效忠。新建立的專制政權必然更需要打手與工具，權臣、佞臣、奸臣就這樣產生了，專門對付那些跟他們過不去的清官忠臣、仁人志士。

　　文人成為一種專門的身份是後來的事，最初的文化人總是介身於政治，先秦諸子即是如此。正如文史哲不分家一樣，早期士人也身兼多職，他們甚至首先是政治家、思想家，如孔孟、老莊及屈原。當政治越發顯示其專制性，文化傳統與政治權威也就逐漸分道揚鑣，“文統”與“道統”相悖離。隨著政治權位之鞏固，它對文化的干預也就更為強硬，文士或文學於是成為政治的奴婢或附庸。但是士人起初並沒有意識到自己可能遇到的命運危機，他們仍然糾纏於古意斑斕的君聖臣賢的美

69

夢，不時仍以政治家的姿態自居，他們憂國憂民，希望擔負起天下重任，也自以為舍他們之外，無人能夠勝任。秦嬴政一出"焚書坑儒"的慘劇無異給他們當頭一棒，兩漢時的文士開始學乖了，他們有意無意地消弭自己的政治抱負，其多方面才能也在退化，除了擅長寫賦而已。這些賦是專門寫給皇帝看的，即使他們在賦中遮遮掩掩地表示他們亟欲有為的初衷——希望統治者能聽取他們的諷諫，讓他們在治國安邦中起點間接的作用。無奈他們的語氣太不雄壯，他們的聲音過於柔弱。

當然，他們的夙願依舊，他們的政治理想依然崇高神聖，所以他們對統治政權已獲得的成就，諸如國富民安，他們由衷感到自豪，他們理想中的明君聖主出現了。他們欣逢盛世，忘記了政治對他們的潛在壓迫，或政治對他們的利用。司馬相如正是這些文士的代表。

司馬相如（前179—前117）應該說是中國歷史上少有的幸運文人之一，他的一生似乎沒有遭受太大的痛苦，更未曾受到什麼迫害。儘管漢景帝不喜歡賦，對他頗為冷淡，但他還是遇到梁孝王和漢武帝。尤其蒙劉徹鍾愛，他的賦作風行一時，他也享受到一介書生不易享受到的榮譽和實惠。他的作品沒有痛苦掙扎，甚至沒有迷惘彷徨，他的筆下是大漢帝國一片晴朗的天空和廣袤的山河土地，以及在這片天空下人們明朗樂觀的心境。

然而，漢代另一些文人士子卻感受到政治權威的威脅，也許他們過於警覺，對個人意志與政治權威的矛盾過於敏感，故謂"言奇者見疑，行殊者得辟，是以欲談者捲舌而同聲，欲步者擬足而投跡⋯⋯"。獨裁專制已不需士人為之出謀劃策，僅需他們恭順忠誠，所以賢而不恭的，不如不肖而恭。明眼旁觀的東方朔千方百計周旋於君主之側，以滑稽突梯的言行掩飾其伴君如伴虎的憂懼，違心扮演著文學弄臣的角色；敢於說真話的司馬遷遭殃了；洞察世情的揚雄埋頭書堆，不求聞達，自甘寂寞。當然，這時的矛盾衝突不是不可緩解，統一帝國的聲威國勢似乎就是先秦以來士人理想中"王道樂土"社會模型的具現。個人的意願畢竟不是最重要的，自古以來他們就被告知要時刻準備為家國利益做出應有犧牲，自我必須融化在社會政治群體之內。他們有悲哀痛苦，乃至絕望自殺，那是因為從整個家國的淪亡中看到自我存在沒有價值，個人價值只體現在殉道之中。在儒術獨尊的時代，士人獨立自由的意識無法達到完全自覺，況且嚴密的集權統治及身為強國子民的自豪感，使這些雖有牢騷的士人不至於構成大規模的反叛，最多只是含沙射影發發怨氣，有叛逆意識者，只好獨善其身去了。即使著書立說以發憤抒情，如司馬遷、王充之類，統治者似乎也不以為意，他們此時對自己的統治尚有足夠的信心。政治威勢遮蓋了個人自由意志的光芒，但是比起魏晉，這時的天空還是高的，沒有迫於眉際的政治恐怖，人們抱怨、抨擊、進取，甚至攀附，皆得到各種形式的表現，這從漢賦龐大的規模氣勢不難得見。

司馬相如享受著大漢帝國賜予的尊崇與有限的利益，屈原、阮籍所有的痛苦，乃至陶淵明式的無奈，都不屬於他。在歷史記載中，他的形象那麼儒雅風流，有關他的故事總是帶著古色古香的浪漫色彩。直至今天依稀可見，當年臨邛卓氏大宅內高朋滿座，語喧聲騰，相如風度翩然，對案鼓琴。一曲《鳳求凰》驚動了珠簾畫屏後的卓文君，這位以才名美色聞名遐邇的卓氏寡女為相如的琴藝風姿所傾倒，在一個暗夜，私奔相如。卓王孫聞訊大怒，不予任何資助。相如伉儷只好開一家酒店自謀生計，文君當爐賣酒，相如著犢鼻褲自任夥計。不過，卓王孫終究還得承認這椿在他看來不太體面的婚事，出資緩解他們的經濟壓力。其實無論從哪方面看，相如都是一個可以引為自豪的乘龍快婿，卓王孫應該相信他女兒的眼力。果然相如後來大得漢武帝賞識，憑藉其生花妙筆，獲得一官半職。只是不知何因，相如最終還是稱疾回鄉，辭官不做了。據說困擾他的是一種終日口渴的疾病，後人稱之為「相如之渴」，大抵是一種很雅致的病，心眼瓷實的人考證說是「糖尿病」。

相如的愛情經歷和奇怪病症一直成為後人的談資，相如的形象在後人心目中也飄然得很。他的一生與權力中心保持著若即若離的距離，而他仿佛也更安心當一個純粹的文士，御用也罷，侍從也罷，他並不打算讓聖皇覺得他的政治才能遠在文學才華之上，那種威脅只會給他帶來麻煩，這也是所有不安其位的文人才士招致禍敗的根本原因。「賦家之心，苞括宇宙」，人情練達如司馬相如，對此豈能不知？自甘文士角色的相如，自然讓武帝頗為放心，他的作品也成為劉徹偏嗜的讀物，一篇《大人賦》使漢武「飄飄然有陵雲氣遊天地間意」；《子虛賦》則令劉徹有生不同時之歎；《長門賦》挽救了帝后瀕臨失敗的一樁婚姻。相如或許無意介入政治，但其賦作卻對武帝產生頗大作用，即使《長門賦》後人考訂為偽作，然而認為相如賦具有極大功效，就未嘗全是後人的無稽想象。相如以他的賦作打進政治中心，並讓自己往返於這個中心，不管後人怎麼看，相如的遭遇應該是極好的。可悲的或是這時代的文人與政治的聯繫僅限於這個層面。不過，什麼樣的位置才不可悲？在後人看去，相如不過是政權中心一個用來裝飾的瓷瓶。一些雄心勃勃的文人才士們，或許認為不管朝政好壞，皆應與政治為敵。他們一心一意想進入政治中心，一旦進入後，又不甘被政治所同化，而又無力化政治。他們在兩難處境下不知所措，一再抱怨生不逢時，無盡地悲歎懷才不遇，狂熱的入世熱情焚燒著他們心靈，殘酷的現實也在無情地冷卻他們的衷腸。於是許多千載傳頌的詩文產生了，一代代後繼者再重複前人的經歷和情緒，創作同樣情懷激烈的文本，直至形成更大意義上的文化傳統。司馬相如相比之下，不免顯得膚淺知足，他的作品雍容華貴而缺乏塊壘激情，他的地位似是而非未被邊緣化，而他的實際待遇則無異倡優。然而，後人若從司馬相如的一生獲得更深一點啟示，或許並非毫無助益。

東方朔：避世金馬門

　　在漢代，不是誰都幸運如司馬長卿，他不僅一生無甚大患，其賦作在文學史尚佔有一席之位。不過後人對司馬相如的評價大體也只限於賦這個層面，倒是從賈誼的遭遇看到如何處理君臣關係的重要性。其實在戰國時期，韓非《說難》已說到臣與君溝通之困難，"言遊說之道為難，故曰《說難》"[1]。孔子早也說過為君不易，為臣更難。大一統政權建立之後，君與臣的關係更加切近了。對於臣而言，如果與君主溝通不暢，就會危及生命，漢初幾個皇帝與功臣、大臣之間的恩恩怨怨，已有太多令人深省的先例，何況還有一個賈誼。時至東方朔，他更是反反復復思忖著這個問題。

---

1 《史記索隱》，見《史記・老子韓非列傳》，1982 年 11 月二版，
　 P2148。

　　東方朔（前 154—前 53），字曼倩，山東人。據其《應詔上書》所說："臣朔少失父母，長養兄嫂。年十三學書，三冬文史足用。十五學擊劍，十六學《詩》《書》，誦二十二萬言。十九學孫吳兵法，戰陣之具，鉦鼓之教，亦誦二十二萬言。凡臣朔固已誦四十四萬言。又常服子路之言。臣朔年二十二，長九尺三寸，目若懸珠，齒若編貝。勇若孟賁，捷若慶忌，廉若鮑叔，信若尾生。若此可以為天子大臣矣。臣朔昧死再拜以聞。"[2]《史記》褚少孫作東方朔傳也說，東方朔"以好古傳書，愛經術，多所博覽外家之語"。用今天的話說，東方朔知識頗為廣博，除了經術（恐怕這也是當時人的必讀物）之外，他還通兵法劍術，而且喜歡讀正經之外的史傳集說之類的書，即"外家之語"。看來他不僅文史能通，也不乏勇武，加上"九尺三寸"的塊頭，堂堂儀表，以及史傳中記載的關於他種種特異舉動，足以想見其為人風範。在他的身上似乎還有戰國士人的精神氣質，而不像大一統政權下拘謹畏縮的儒生做派。

　　《史記》本傳說，東方朔初到長安，用三千奏牘至

2　東方朔《應詔上書》，見《漢書·東方朔傳》，中華書局，1962年 6 月，P2841。

公車上書，以致兩人共持舉其書方能勝之。皇上從上方讀起，讀完一處再移至另一處，讀了兩個月才讀完。被武帝召以為郎後，曾詔賜與武帝共食，他卻把沒有吃完的餘肉帶走，弄得衣服都髒了。武帝賜予他縑帛，他也不客氣，照單全收。他還用所賜錢帛，取長安好女為小老婆，相處一年分手後，再繼續取婦。其所賜錢財都被那些女人拿走。由於他有這些怪舉，上自君主，下至朝中郎官，多半都稱他為"狂人"。東方朔卻不認為自己"狂"，而說"如朔等，所謂避世於朝廷間者也"，也就是說，我只是隱居於朝廷中的人，並不是什麼"狂人"。

　　東方朔何以會出現在這一段歷史時空？與帝王近距離接觸的東方朔，何以會採用這種方式周旋於朝廷上下？或許東方朔深知古今君臣關係之複雜，在當下"時異則事異"的環境中所得出的東方朔版的為臣之道，這在他的《答客難》文章中有相當透徹的說明。東方朔看到中央集權制建立之後，士人處身環境所發生的變化，以及這種變化給士人心態帶來極大的不平衡。今昔之變，歸為一句話即"彼一時也，此一時也，豈可同哉"。蘇秦、張儀之時，"周室大壞，諸侯不朝，力政爭權，相禽以兵，並為十二國，未有雌雄，得士者強，失士者亡，故說聽行通，身處尊位，澤及後世，子孫長榮。"
這是戰國時的情況。那麼今天，也就是西漢又如何？

> 今非然也。聖帝在上，德流天下，諸侯賓
> 服，威振四夷，連四海之外以為席，安於覆盂，
> 天下平均，合為一家，動發舉事，猶如運之掌中。
> 賢與不肖，何以異哉[3]？

而且，一統帝國，權力高度集中於中央，士人只有
一條出路，即必須為帝國效力，其競爭之烈，不難想見：
"方今以天下之大，士民之眾，竭精馳說，並進輻湊者，
不可勝數。"一些人"悉力慕義，困於衣食，或失門
戶"，這些完全追求道義的人，竟然為衣食所困，經濟
上沒有保障，甚而滅門之災至。這種今昔之異的根本原
因即在體制的變化，"故曰時異則事異"[4]。面對這種新
形勢，對於士人本身來說，該如何自處？東方朔的答案
是："安可以不務修身乎？""苟能修身，何患不榮！"
為印證其觀點，他援引姜太公為例，這也是古代士人極

3　《史記·滑稽列傳》，P3206。
4　以上皆引自《史記·滑稽列傳》，P3206。

為喜歡引用而以此自勉的事例：“太公躬行仁義七十二年，逢文王，得行其說，封於齊，七百歲而不絕。”

　　當個人的理想一時無法實現，最好的辦法就是退而修身，等待時機，“此士之所以日夜孜孜，修學行道，不敢止也”[5]。只是姜太公的例子太特殊了，對於常人來說，一輩子修身自守，不一定就能遇到像文王這樣的君主。再說“修身”完全是一種個體性的行為，是否與“榮”存在著因果關係，還很難說。不過東方朔說出了“修身”為士之所重視的事實。“修身”不是為獲取榮華的手段，它更強調的是一種道德自律，是一種精神修養。“修身”可能會帶來榮華富貴，但這不是修身的根本目的，修身本身才是目的，它是鑒定士人人格精神的一個尺度，它幾乎也是以後數千年士人所奉守的精神傳統。對此，東方朔有進一步的說明：

　　　　今世之處士，時雖不用，崛然獨立，塊然獨處，上觀許由，下察接輿，策同范蠡，忠合子胥，天下和平，與義相扶，寡偶少徒，固其常也。子何

---

5 《史記・滑稽列傳》，P3206-3207。

疑於余哉！[6]

在一統政權下，士人若無法進而"行道"，即可退而"修身"，這一認識與屈賈已有不同。當一個人與外界的聯繫使他感到無法維持之時，他也只能退回到自身。何況，不用說與君主難以相處，便是與一般人近距離接觸，也容易產生摩擦，薩特就說"他人便是地獄"。朝廷也是一個單位，而且是可以決定你生死存亡的一個是非之地，要在這樣特殊環境裡生存，並保持自我人格的獨立尊嚴，顯然需要智慧。"修身"是一種自我的內在要求，屬於"心"的範疇，而外在的"跡"也得有所表現。既然處身於廟堂，難免與君王及其他大臣打交道，甚至你還想獲得事業的某種成功，與周圍關係如何相處就須動腦筋了。東方朔採用的是"滑稽"與"佯狂"的方式，兩者都有點玩世不恭的味道。

關於東方朔的滑稽之舉，坊間有不少故事流傳，大體都離不了"狂"，也就是不符常規。而常規是什麼？即常人自以為是的陳規常理，它是為普通人或庸人設立的一套人生規則，超出這些規則，不"狂"即"怪"。

---

6 《史記·滑稽列傳》，P3207。

歷史上那些狂人怪人大多也是奇人。漢初酈食其也有
"狂生"之號，因其行為不同於常人，表面上他"衣儒
衣"，"貌似大儒"，實際上他好奇尚異，自視甚高，
自稱"高陽酒徒"。東方朔確實也有點與眾不同，其狂
怪之舉，除了前面引到《史記》所說的一些事例之外，
《漢書》本傳也有一些相關記載。漢武帝初即位，征天
下舉方正賢良文學材力之士，四方之士皆上書言得失，
自我炫耀者以千數。東方朔也來了，上了前面提到的《應
詔上書》，"文辭不遜，高自稱譽，上偉之，令待詔公
車"。不過，由於東方朔地位不高，不得見到皇上。東
方朔則自己創造機會。他跟隨侍宮中的侏儒說，皇上要
殺他們，侏儒非常恐慌。此事最後鬧到武帝那裡，武帝
接見了東方朔，問他為什麼要恐嚇侏儒，東方朔發了一
通言論，其中說到侏儒長僅三尺，我東方朔高九尺三寸，
而我們都是拿同樣的俸祿，侏儒飽死，而我餓死，以為
不公。武帝甚奇，"因使待詔金馬門，稍得親近"[7]。這
種做法讓人想到孟嘗君門客馮諼要求提高待遇的故事。
《西京雜記》還記載一則東方朔以滑稽突梯的方式幫
助武帝乳母的事，亦是同理。

---

7 《漢書・東方朔傳》，P2843。

　　然而，如果把東方朔看成完全搞怪的小丑式人物，即當時所說的"俳優"，那就錯了。滑稽、佯狂都只是表面現象，東方朔的目的還是想參政議政，這從他留下來的幾篇奏疏可以得到佐證。漢武帝想建上林苑，並讓吾丘壽王具體負責此事，東方朔知道後即上諫。這篇奏疏寫得相當尖銳，認為天子建苑，"上乏國家之用，下奪農桑之業，棄成功，就敗事，損耗五穀，是其不可一也"；"壞人塚墓，發人室廬，令幼弱懷土而思，耆老泣涕而悲，是其不可二也"。此乃勞民傷財之舉，"非所以強國富人也"。由此可見東方朔相當勇敢。他不僅敢上諫皇上，也同樣敢指斥皇親國戚。駙馬昭平君醉殺主傅，究竟是否治罪，武帝頗為躊躇，東方朔卻借上萬歲壽以諫，認為殺人償命，無論貴賤。

　　東方朔也敢於指斥佞臣。董偃原是武帝姑母館陶公主身邊的人，後大得武帝貴寵，有似嬖臣佞幸，與武帝關係甚曖昧。武帝想讓董偃到宣室，東方朔上諫指陳董偃有三條足可斬首的罪名，堅執不讓董偃入宣室。對此，班固有評論："朔雖詼笑，然時觀察顏色，直言切諫，上常用之。自公卿在位，朔皆敖弄，無所為屈。"[8]
不過可悲的是，儘管東方朔以自己獨特的方式介入權力
中心，企圖達到參政議政的目的，但是周圍的人，包括
最高統治者，往往把他看成是俳優一類的人物。當時國
家多事，自公孫弘以下至司馬遷，皆奉使方外，或為郡
國守相至公卿。東方朔"與枚皋、郭舍人俱在左右，詼
啁而已。久之，朔上書陳農戰強國之計，因自訟獨不得
大官，欲求試用。其言專商鞅、韓非之語也，指意放蕩，
頗復詼諧，辭數萬言，終不見用"[9]。

　　東方朔內心的真實想法往往被他外表狂怪的舉動所
掩蓋，以致當時及稍後的人實際上都沒有真正理解他。
倒是班固似乎看出東方朔花樣百出背後一些實質性內
容："然朔名過實者，以其詼達多端，不名一行，應諧
似優，不窮似智，正諫似直，穢德似隱。"但班固認為
"其滑稽之雄乎！"對於東方朔來說，若有意無意將之
歸為俳優之列，未免不公。他曾說："與其隨佞而得志，
不若從孤竹於首陽。"[10]也就是說寧可追隨孤竹君到首

8　《漢書・東方朔傳》，P2860。
9　同上，P2863-2864。
10　《嗟伯夷》，《漢魏六朝百三家集（一）・漢東方朔集》，上海
　　古籍出版社，1994 年 8 月，P1412-84。

陽山，也不願以讒佞取榮當世。東方朔的直言切諫，無所為屈，乃是其真實人格的展示，滑稽詼諧只是他用以自我保護的外殼，以及進諫的方式。

　　由於東方朔以無厘頭著稱，後代不少關於東方朔的傳說也大多荒誕不經，或與游仙成仙有關。託名劉向的《列仙記》就說："至昭帝時，時人或謂聖人，或謂凡人。作深淺顯默之行，或忠言，或戲語，莫知其旨。至宣帝時，棄郎以避亂世。置幘官舍，風飄之而去。後見於會稽，賣藥五湖，智者疑其歲星精也。"傳世還有託名東方朔作的《神異經》。可能這與東方朔文章中不時流露出遊仙輕舉之想有關，其《與友人書》、《十洲記序》等文皆有這方面內容。東方朔雖然沒有明言他接受道家思想的影響，實際上他的處世方式卻具備道家的智慧，如其《據地歌》云："陸沉於俗，避世金馬門。宮殿中可以避世全身，何必深山之中，蒿廬之下。"[11]他在《誡子詩》中也說：

　　　　明者處世，莫尚於中。優哉游哉，於道相從。
　　首陽為拙，柳惠為工。飽食安步，以仕代農。依

11　《史記·滑稽列傳》，P3205。

> 隱玩世，詭時不逢。才盡身危，好名得華。有群
> 累生，孤貴失和。遺餘不匱，自盡無多。聖人之
> 道，一龍一蛇。形見神藏，與物變化，隨時之宜，
> 無有常家[12]。

　　或許這才是東方朔行事為人的真正思想依據，在獨尊儒術的漢武帝時期，具有特殊的意義。這種認識顯然不代表當時的主流意識，只能說它是東方朔個人所獨有的見地。當然，儒家學說中有"中庸"說，有"兼濟"和"獨善"說，也不乏安排進退出處的處世哲學，在這一點上，儒道有其相通之處。東方朔思想的核心應該是屬於儒而非道，但他能夠把握儒家所提倡的文武張弛之道，兼具道家智慧，用來處世為人，"與物變化，隨時之宜"，這是他的聰明之處。

　　賈誼生活的時代，黃老之學為統治思想，賈誼雖也領悟到道家哲學中安身立命的道理，甚至也用來作為自我精神安慰，但是他沒有從根本上使之轉化為自己人生觀價值觀的重要組成部分。黃老之學對於賈誼來說，主要還是著眼於政治的運用，而非主體自我的精神拯

---

12 張溥《漢魏六朝百三家集（一）·漢東方朔集》，P1412-84。

救。東方朔生活的時代已開始尊崇儒學，他懂得兼收儒道處世之道，用以自保全身，應該說這是東方朔與屈賈之所以遭遇不同的思想基礎。

東方朔之後，漢代不少文人學士都有安命保身思想，如班彪《悼離騷》云：「夫華植之有零茂，故陰養之度也。聖哲之有窮達，亦命之故也。惟達人進止得時，行以遂伸。否則詘而圻蠖，體龍蛇以幽潛。」[13]班固《離騷序》也說：「且君子道窮，命矣。……故《大雅》曰：『既明且哲，以保其身。』斯為貴矣。」[14]由此亦可見，時代背景發生變化之後，士人也在調整自己的心態和行事方式。

與時推移是一種智慧，也是一種無奈的選擇。不過人們通常相信天道是公正的，善惡最終都有其報，但是古往今來，在具體的生活情境中，我們卻發現一個現象，善惡之報並不是那麼涇渭分明。反派人物最終有身敗名裂的，也有壽終正寢的；正直之士有功成名就的，也有壯志難酬的，其中緣由固然有不可逆知的命運玄機，也有超出世俗道德倫理判斷之外複雜的人性因素。

---

13 嚴可均《全後漢文》卷二十三，中華書局，1958 年 12 月，P598。
14 《全後漢文》卷二十五，P611。

但是若從"道"的原則來說，社會人事也有種種不可逆的遊戲規則。除了社會通常奉行的一些明規則之外，還有一些不為社會道德規範所認可的潛規則，如吳思《潛規則》中所談到的許多具體規則。在許多明規則、潛規則背後，還有一條最根本的規則，它就像"道"一樣為所有的規則所尊奉，這就是"度"，儒家所說的"中庸"與此類似。為善也好，為惡也罷，把握好"度"，應是"元規則"。

從屈原到賈誼，再到東方朔，我們發現雖然他們各自的境遇不盡相同，但是他們都在對一種現象表示不滿，即"逆淘汰"。他們都把自己當作社會正統力量的代表，指斥另一部分與他們對立的人或勢力。按理說，一個社會要存在下去，必然要宣揚或灌輸正面的價值理念，強調遵守正統的道德規範的重要性。但是在屈、賈等人的筆下，以及後代無數的詩人作家的詩文裡，反映他們所代表的正面力量敵不過那些反派勢力。那些在他們看來的反派人物，背棄社會正常的法規，擾亂格局，於是出現"逆淘汰"現象：

"薋菉葹以盈室兮，判獨離而不服。"

"世混濁而不分兮，好蔽美而嫉妒。"

"世混濁而嫉賢兮，好蔽美而稱惡。"

"戶服艾以盈要兮，謂幽蘭其不可佩。"

"蘇糞壤以充幃兮，謂申椒其不芳。"

"何瓊佩之偃蹇兮，眾薆然而蔽之。"

"蘭芷變而不芳兮，荃蕙化而為茅。"（以上《離騷》）

"憎慍惀之修美兮，好夫人之忼慨。"（《哀郢》）

"黃鐘毀棄，瓦釜雷鳴；讒人高張，賢士無名。"（《卜居》）

"俗流從而不止兮，眾枉聚而矯直。"

"方世俗之幽昏兮，眩白黑之美惡。放山淵之龜玉兮，相與貴夫礫石。……悲仁人之盡節兮，反為小人之所賊。"（以上賈誼《惜誓》）

"鸞皇孔鳳日以遠兮，畜梟駕鵝，雞鶩滿堂壇兮。……鉛刀進御兮，遙棄太阿。……橘柚萎枯兮，苦李旖旎。甀甌登於明堂兮，周鼎潛乎深淵。……"（東方朔《七諫》）

世道昏昧如屈原所感歎："固時俗之工巧兮，偭規矩而改錯。背繩墨以追曲兮，競周容以為度。"（《離騷》）"逆淘汰"的結果是賢者被疏離或走投無路，不肖者獲得既得利益。這是站在"賢者"的立場所作的價值評判。如果我們換一種角度，不做賢與不肖這種二元對立式的道德評判，只以成功不成功或得勢不得勢來衡量，即"以成敗論英雄"，就會發現成功與不成功的群體中各有賢與不肖者。這麼說賢與不肖不是決定成功與否的關鍵，關鍵是你如何處世，把握好"度"。這是其一。當然，這裡所說的成功是世俗層面的"成功"，或者用"得勢"一詞更合適。其二，從更大的範圍看，那就是現世志滿意得的不肖者被後人所唾棄，比如秦檜；現世窮困潦倒或壯志難酬的高風亮節之士，受到後人的尊敬和旌表，比如岳飛。所謂"求仁得仁"，問題是你求的是什麼？

　　"逆淘汰"現象產生的原因大體有二：一是當事者有高出當時世俗常規價值體系的遠見卓識，故不為時人所接受，或遭人妒忌，所謂"德高者不合於眾，行異者不合於俗"[15]。二是當事者具有獨立的人格，不想與俗眾同流合污，如屈原所言："民生各有所樂兮，余獨好修以為常。雖體解吾猶未變兮，豈余心之可懲。"（《離騷》）由此也就難免被主流社會邊緣化，甚或被淘汰。在現實社會中，從最高統治階層至社會下層，基本上呈金字塔形狀。思想前衛的人在各個時代都只是少數，特別是先知一般的哲人或詩人，他們是預言家，他們的見識往往不為同時代人所接受而成為先驅者。這些先驅者的犧牲不可能沒有價值，他們獲得的不是世俗意義上的所謂成功，而是社會的進步，但這不是我們所要討論的話題，我們所關心的是，在"逆淘汰"為不可避免的社會現實下，一般人如何使自己獲得最大的成功？這就要回到前面說的"度"的把握。

從屈原到賈誼再到東方朔，都能看到逆淘汰現象的普遍存在，但是屈原只是感到疑慮痛心，以堅持個人操守，表示對現實之不滿和反抗，所以他是一位先驅者。賈誼更多是無奈，他也想調整自己，甚至想引退，所謂"彼聖人之神德兮，遠濁世而自藏。使麒麟之可得羈而

---

15 洪興祖注《懷沙》，《楚辭補注》，白化文等點校，中華書局，1983 年 3 月，P144。

系兮，又何以異乎犬羊"[16]，道出其自由意志受到現實抑壓的痛苦。他與屈原經歷有所類似，但不如屈原執著，性格也相對軟弱。東方朔顯然比屈原、賈誼圓通多了，他能擺正心態，以自己的方式達到進諫的目的，也保護了自身。他既不一味冒進，也不畏縮內斂，該諫則諫，該勸則勸，正說戲說，亦莊亦諧，不拘一格，"優哉游哉，於道相從"。他確實做到"宮殿中可以避世全身，何必深山之中，蒿廬之下"，這一發明可謂意義重大。魏晉時期人們普遍推崇這種處世方式，所謂"名教中自有樂地"，"大隱隱朝市，小隱隱陵藪"。不同的是，魏晉六朝道玄思想盛行，"朝隱"、"心隱"有其相當廣泛的現實基礎和理論依據。漢武帝時開始獨尊儒術，儒家的入世有為的積極人生觀成為主流，除非功業不竟，抱負不展，方才解簪釋履，歸返山林，或"身在江湖，心存魏闕"。東方朔選擇廟堂為其隱身之所，也許只是他的大話，他的目的不僅於此。

　　朝廷是求仕者紆青拖紫，男子漢大丈夫擒龍縛鯤的名利場，弄不好也是招致殺身滅族之禍的是非地。東方朔深諳此理，他既想實現自身的價值，獲取現世的功

---

16 賈誼《惜誓》，見洪興祖《楚辭補注》，P231。

名，又不想因此付出不必要的犧牲，所以他就要講究策略，滑稽、佯狂就是他"全身"的策略。他要以調笑的方式來避免因"直諫"可能帶來的麻煩，或因顯得太有經世才能而招惹來的嫉妒及讒言，於是"穢德似隱"。這也就是"度"。因此東方朔的"朝隱"思想與魏晉時期有相呼應之處，但是他們的思想基礎有所不同。

東方朔在文人心態史上的意義在於，他藐視世俗常規，以及一向被視作世人應奉守的禮義倫常，而保持"道"的內在精神。他的思想既屬於儒，也屬於道，又既不是儒，也不是道，而是兩者兼行。在專制集權日益鞏固的形勢下，他既保存自己的性命，維護自我人格的尊嚴，對於現實政治又有所作為。他的重要變化是將"士"原本銳意進取的外在行為，不得不"弱化"或"隱性"地轉化為一種內在精神。這種弱化或隱性化正是東方朔得以在朝而隱的先決條件。由此亦可見大一統政權建立之後，士人的價值追求內在化的趨勢，這也是士人人格不斷弱化和女性化、文人化的過程。從文學角度觀之，原來的凌厲飛揚之氣逐漸隱匿，文章辭采聲調的斟酌推敲取代了文章內在的氣勢。這幾乎也是整個文明發展的趨向，即精緻化，也精密化。文人之出現及這個隊伍的不斷壯大，乃是文明發展的必然產物。在歷史現實中，士人人格之弱化也是社會政治環境變化所促成的結果。東方朔現象便是一定歷史階段不可避免的徵象。

揚　雄：惟寂惟寞

　　翻開《漢書》揚雄的傳記，再看揚雄的文集，揚雄獨特的形象從煙塵撲撲的史卷裡由模糊漸至清晰。他理應是清瘦的，單薄的身軀長年蜷縮在書堆裡，沾染著歲月古舊的色調，仿佛還能聞到那裡散射出來的書卷氣息。他在物質上也應是匱乏的，惟有滿屋子鋪天蓋地的書籍，呈示其精神的富足。他將所有的人生滄桑都凝練成眉宇間凜凜的清氣。不看書的時候，他就喝酒。門庭荒蕪了，很少有人光顧他的住居，他原有的口吃使他更不懂得說話。然而，他也無須多言，在靜寂的書齋，他擁有許多可堪與談的朋友，一任光陰在他的書齋外汩汩流逝，他的思想卻連接著先賢的氣脈而鮮潔如初。

　　揚雄（前53─後18），四川成都人。他與司馬相如同鄉，其命運卻與司馬相如迴異。長年累月，揚雄基本都在書齋中度過，他一生絕大部分時光都用於這樣的消費：讀書、著書。似乎從書中悟到什麼道理，他遠遠地躲避著什麼，成為一個俗世的旁觀者。風雲四起的歷史，在揚雄看去，已有太多的教訓和啟迪，沒有必要再將自己短暫的一生去重演悲劇。在萬籟俱寂的長夜，他讓思緒穿行於歷史，體會著精神的無數次啟程與歸返，他的目光深邃而明澈，他的聲音卻如此苦澀滯重，宛如想敲碎那沉重的天幕，警醒世人沒完沒了的酣夢："炎炎者滅，隆隆者絕；觀雷觀火，為盈為實，天收其聲，地藏其熱。高明之家，鬼瞰其室。攫拏者亡，默默者存；位極者宗危，自守者身全。是故知玄知默，守道之極；爰清爰靜，遊神之庭；惟寂惟寞，守德之宅。"[1]

　　揚雄淡漠了世俗功名，把一生的志向託付給書籍、酒和搜索奇字。遠離政治的揚雄，政治也捨棄了他。歷經成帝、哀帝、平帝三代，揚雄的官職皆未得到升遷，一直坐在他的給事黃門位置。漢哀帝時，姿容豔麗的男寵得到重用，揚雄依然在書齋裡等待有人拎一壺酒作為薄酬，向他請教常人所不知的奇字。有時，他在微弱的

1　揚雄《解嘲》，見《漢書・揚雄傳》，中華書局，1962 年 6 月，
　　P3571。

光線下，精心揣摩著他所喜愛的司馬相如的賦作，體會著那華美恢弘的話語形態下的浪漫情懷，一遍遍地，他把自己對人生的諸多幻想寄託在這片華麗的文字之中。隨著時間推移，他對世界的感悟正在日益深沉，終於有一天他發現自己的心境竟是如此老邁，任何浮華的文采在它面前都顯得如此生嫩淺薄，它們已無法詮釋揚雄日漸蒼涼的心事。於是揚雄放棄賦的寫作，同時必然也放棄了這一寫作形式背後的利祿一途。在寂寞的書齋，揚雄繼續撰寫著那些被人譏誚、不合時宜的書籍。無數晝夜悄悄流逝了，譏誚揚雄的人早已不知遁往何方，揚雄的靈魂卻活在那些文字之中，留傳後世，平生不曾"紆青拖紫，朱丹其轂"的揚雄，是否報以淡然一笑？

不曾逆料的是，埋首書籍的揚雄竟然有一天走出書齋，當上王莽的大夫。

據史家所言："及（王）莽篡位，談說之士用符命稱功德獲封爵者甚眾，（揚）雄復不侯，以耆老久次轉為大夫，恬於勢利乃如是。"[2] "默而好深湛之思"的揚雄並未從新莽那裡得到封侯，大夫的職位已使他難免勢利之徒的謗議。更有甚者，揚雄還寫了一篇名曰《劇秦

---

2 《漢書·揚雄傳》班固贊，P3583。

美新》的符命。於是揚雄令人生疑。歷史將揚雄割裂成
兩副面孔：一個是不求聞達、自甘寂寞的揚雄；另一個
是寫《劇秦美新》稱頌王莽、出任王莽偽官的揚雄。難
堪的是，揚雄因符命事從天祿閣上跳下來卻不曾死去，
由此引來後人無數的冷嘲熱諷。哪一個是真正的揚雄？
歷史也在迷惘，沒有公斷。班固將這兩個揚雄一併放進
《漢書》，留給後人去評判。揚雄因此令人傾倒，也獲
譏千古。

　　從當時人對揚雄的評價來看，揚雄的口碑相當好。
不管《漢書》本傳中的揚雄是否真實，但班固對揚雄顯
然充滿敬意：「雄少而好學，不為章句，訓詁通而已，
博覽無所不見。為人簡易佚蕩，口吃不能劇談，默而好
深湛之思，清靜亡為，少耆欲，不汲汲於富貴，不戚戚
於貧賤，不修廉隅以徼名當世。家產不過十金，乏無儋
石之儲，晏如也。自有大度，非聖哲之書不好也；非其
意，雖富貴不事也。顧嘗好辭賦。」[3]此外，劉歆、范逡、
桓譚等人對揚雄也頗為敬重。不過也有不少人對揚雄表
示無法理解，如班固所言「時人皆曶之」。原因看來是

---

3 《漢書・揚雄傳》，P3514。

揚雄"用心於內,不求於外"[4],或如劉歆對揚雄著《太玄》所持的看法那樣:"空自苦!今學者有祿利,然尚不能明《易》,又如《玄》何?吾恐後人用覆醬瓿也。"[5]至於儒生對揚雄表示不滿,則是因為揚雄模仿《論語》著《法言》,"諸儒或譏以為雄非聖人而作經,猶春秋吳楚之君僭號稱王,蓋誅絕之罪也"[6]。這些非議充其量是不滿揚雄不識時務,自視甚高,竟敢仿效經典而著書。視揚雄品德有虧的把柄主要是他出任偽官並為王莽作符命卻又自殺未遂,據班固說,當時京師就流傳譏誚揚雄的民諺:"惟寂寞,自投閣;爱清靜,作符命。"

揚雄並不諱言他是盡心盡力為新莽作《劇秦美新》。這一篇文章被《昭明文選》選入,蕭統的選錄標準大體與劉勰相近,即此文雖"詭言遁辭","兼包神怪","然骨制靡密,辭貫圓通,自稱極思,無遺力矣"[7],也就是說文章寫得很用心,文理縝密。李充的看法是:"揚

---

4 《漢書‧揚雄傳》班固贊,P3583。
5 《漢書‧揚雄傳》,P3585。
6 同上。
7 《文心雕龍註‧封禪》,范文瀾註,人民文學出版社,1958年9月,P394。

子論秦之劇，稱新之美，此乃計其勝負，比其優劣之義。"[8]李善卻對這篇文字很不客氣，在《文選》注文裡說："王莽潛移龜鼎，子雲進不能辟戟丹墀，亢辭鯁議；退不能草玄虛室，頤性全真，而反露才以耽寵，詭情以懷祿。素餐所刺，何以加焉。"[9]諸人評判或從寫作水準，或從正統立場，各執己見。無論如何，《劇秦美新》之是非曲直看來只能由漫長的時間來論斷，畢竟它已站立在文學史中兩千多年。若拋開觀念的拘限，揚雄的才學與見識自可立見。

　　至於揚雄投閣自盡一事，其始末如《漢書》本傳所言："（王）莽既以符命自立，即位之後欲絕其原以神前事，而（甄）豐子尋，（劉）歆子棻復獻之。莽誅豐父子，投棻四裔，辭所連及，便收不請。時雄校書天祿閣上，治獄使者來，欲收雄，雄恐不能自免，乃從閣上自投下，幾死。莽聞之曰：'雄素不與事，何故在此？'間請問其故，乃劉棻嘗從雄學作奇字，雄不知情。有詔勿問。"[10]原來是一場虛驚。王莽想殺人滅口，採用連坐

8 《翰林論》，《文選》卷四八（下冊）李善注引，中華書局，1977年 11 月，P678。
9 同上。
10 《漢書‧揚雄傳》，P3584。

法，劉棻供出揚雄。因為濫捕，可以不必請示王莽，手下人就將牽連者一併收拾，於是驚動了揚雄。問題是揚雄何以知道"不能自免"？這麼說他對自己寫《劇秦美新》的後果心知肚明。奇怪的是王莽的看法與揚雄不甚一致。也就是說，揚雄以為自己與甄豐父子及劉棻一樣寫的是符命，王莽卻不這麼認為，所以輪不到整治揚雄。那麼揚雄為什麼要寫《劇秦美新》，果如李善所說是"露才以耽寵，詭情以懷祿"嗎？這種做法似乎不符合揚雄的本性。退一步說，果真如此的話，揚雄又為什麼要向王莽"耽寵"，就不曾想到向成帝、哀帝、平帝邀歡？

其實，從自甘淡泊、守候書齋的揚雄，到出任王莽偽官的揚雄，本來就是一個立體的形象。揚雄年屆不惑才到京師謀求出仕之路，經楊莊（一說王音）推薦，他獲得寫賦給成帝看的機會。如此數番，揚雄接連創作了《甘泉賦》、《羽獵賦》、《長楊賦》、《河東賦》。與當時所有賦家對賦的創作懷有實在的動機一樣，揚雄以其賦作叩開官府之門，躋身給事黃門的職位，那時王莽、劉歆是他的同事。當成、哀、平間，王莽、董賢"皆為三公，權傾人主，所薦莫不拔擢，而雄三世不徙官"。揚雄看著三朝皇帝來了又去，他依然堅守在他的書齋。

或許他悟到物盛必衰的世事變遷之理，閉門卻掃，潛心治學？然而揚雄的淡泊世事只是無奈的選擇，在他的《解嘲》中不難看到他對當時士人的處境洞若觀火。他既不是一個真正忘懷世事的隱士，也不是一個戀棧利祿、趨炎附勢之徒。揚雄之所以為揚雄，正在於他還有治國安邦的理想抱負，但他不是迂儒。作為博古通今的學者，他明察秋毫地看到專制集權下"士"的可悲處境，歷經三朝，境遇卻不曾有所改善的揚雄，或許最能體會其中的況味。

　　大漢帝國，四海之內安如覆盂，專制統治進一步加強，獨裁者無須"士"為之出謀劃策，只要他們恭順就好，賢而不恭的，不如不肖而恭。在炎熱的官場，揚雄的淡泊清高足見其性格桀驁不遜，仕進之途自然無望。多少個寂寞的日子過去了，揚雄在書齋終於盼到王莽"改革"的消息，隨即接受王莽的任命。在此之前，揚雄對王莽所作所為並非聞所未聞。王莽早年喪父，自幼孤貧，"折節恭儉"，事母及寡嫂、伯父皆盡心盡力，由是名聲大噪，封得新都侯。王莽"爵位益尊，節操愈謙"，同時廣泛交接名流，大事"公關"。其親子殺奴，他大義滅親，並遠離佞幸，如此等等。王莽轟轟烈烈的種種舉措博得朝野內外的信任，以至於百官紛紛為之請命。終於王莽代漢自立。登基後的王莽，其為人處事之孰是孰非，史家自有評價，暫且不說。對於揚雄而言，他應該也是為王莽最初所為而折服者之一，既然朝野上下對王莽大表讚賞，揚雄為之心動亦不足為怪，或許揚雄以為遇到聖明的君主，自己大展鴻圖的機會到了？

安居書齋的揚雄本不是一個心如死灰、冷漠無情之人。他之退守書齋，乃因不願像別人那樣俯首恭順謀求官職，即"非其意，雖富貴不事也"，所以他只能在書齋裡靜候，靜候明君。王莽或許是揚雄心目中的明君，揚雄熱情洋溢地寫下《劇秦美新》，為王莽的事業歌德頌功。誰知道忽喇喇大廈傾，王莽敗了，在正統的歷史中王莽沒有地位。成王敗寇，王莽遭致千載的罵名，出仕王莽偽官的揚雄也就難免受到非議，而惹禍之端少不了那篇《劇秦美新》。

揚雄倘若一直安於書齋生活，其清名或許不至於被辱沒。在後人的想象中，他至少應該像司馬相如那樣當一個比較純粹的文人，寫一些華美的文章。無奈他後來偏偏看不上那些"壯夫不為"的文字，認為這種文字只是文人筆墨間餘事，點綴升平而已。那麼，揚雄心目中的"壯夫"又該是什麼樣的人？揚雄走出書齋，告別他的書生生涯，莫非要當一名"壯夫"？他撰文稱頌新莽，是因為他在王莽身上看到希望？誰知在正統觀念裡，王莽的短命王朝本是篡逆，容不得揚雄為之粉飾。問題是飽學詩書的揚雄何以這麼糊塗，白紙黑字，不僅虧了自己的名節，更將自己置於大逆不道的境地，揚雄豈不是瘋了？這個揚雄是真正的揚雄嗎？

　　揚雄的內心從來不曾靜如深潭，只不過他更願意留連於另一個心所嚮往的時空之中。揚雄似乎一直有春秋戰國時期"士為知己者死"的情懷，那種"得士者昌，失士者亡"的歷史時機，令揚雄何等神往。豈只是揚雄，漢代多少讀書人都懷抱著這個幻想，賈誼、東方朔、司馬遷甚至班固？誰不羨慕先秦士子自由獨立的地位，那時沒有不可僭越的一家一姓江山，只有雲龍風虎的君臣際遇。揚雄的悲哀和恥辱在於他不為漢帝所重用，卻為王莽這個"篡逆者"所委任。揚雄也許以為大一統的局面即將分崩離析，他所嚮往的"士無常君，國亡定臣，得士者富，失士者貧，矯羽厲翮，恣意所存"的機遇已經到來。豈知今非昔比。

　　揚雄是漢代文人中保持較多個人自由意識和獨立人

格者之一，然而揚雄一生在政治上無疑是失敗的，他只能自我寬慰：“惟寂惟寞，守德之宅。”生性淡泊的揚雄並非沒有濟世的抱負，但他所處的已非春秋戰國時代，大一統帝國剝蝕了士的自由意志甚至人格尊嚴，政治權威顯示其巨大的威懾力。無奈先秦士人的濟世之夢依然纏繞著揚雄及其他漢代士人，這也是以後歷代有志之士無法忘卻的遠古之夢。何況揚雄歷覽史書，學貫古今，在長年靜思默想中，參悟宇宙人生之理，對生命存在的本質已有殊深的瞭解，對王朝興廢應有更通達的認識。揚雄的思想已突破一般封建士大夫所有的認知水準，尤其是超越漢代皓首窮經的儒生之道德綱常觀念的樊籬。正是由於具有這種思想內質，揚雄的賦作中較少諛詞，他晚年所說“辭賦乃童子雕蟲之作”，恐怕不僅是對漢賦寫作之鋪張揚厲、雕琢詞句的格式化表示不滿，更是對純正的儒家諷諭傳統蕩然消失深感遺憾。在揚雄所處的時代，儒家學說實際上已不斷被庸俗化或教條化，揚雄的心中竟然還保留著先秦儒家蓬勃的生命能源，“不為章句，訓詁通而已”。漢代儒學最後不免淪為章句之學，揚雄卻堅守著原始儒家為人處世的信條，因此他難免被人視作“迂”。

今天看去，揚雄並不迂，而是時代變了，他只能守著那無法為人理解的寂寞。其實揚雄的目光早已洞穿歷史，所以他不拘囿於一家一姓的正統歷史觀。如同把社會人生提升到哲學的高度加以認識一樣，他對政治的理解和把握也有更寬闊的思想幅度。從他對春秋戰國時代的嚮往及對當下社會的看法，他理想的社會不是專制，而是思想自由、人格獨立的民主社會，這也是先秦百家思想得以產生的社會基礎。在以後專制集權越來越鞏固的封建時代，這種精神愈加衰歇下去，文人關心的只是自己的命運，可以自由選擇的道路只有歸隱。漢代畢竟離先秦百家爭鳴的時代不遠，那個時代士人的熱情尚未被政治權威完全撲滅，揚雄便是那個風雲際會的時代遺留下的思想者之一。

然而，揚雄不可避免地為歷史所嘲弄，正如王莽，還有更後的曹操，他們不得不面對正統史家的無情審判。揚雄事莽給後人留下話柄，對於他個人來說，或是一種理想的破滅，但歷史再一次證明士人理想的政治環境已難以復得，其現實處境也將日漸逼仄。原始儒家的思想精華開始萎落，正統觀念也日漸成為自由思想的桎梏。隨著“文統”“道統”的矛盾愈加不可調和，人們心目中的"王道樂土"在強權政治的壓迫下更不可能出現,儒家的社會政治理想只是一場幻夢。在儒學盛行的漢代,恰也是儒學走向衰微的時代。將某種思想定於一尊,往往也是這一思想失去生命力之時。揚雄看到這一不可逆轉的時代趨向,他似乎想極力在維持著什麼,可是終歸徒勞。不過,彌值珍視的是,所有流芳百世的詩人作家或學者,除了他們的詩文著作體現出時代精神之外,更重要的是,他們在認識上往往不僅超越政治的限制,而且超越了時代。

蔡 邕：遠逝的琴聲

　　在江南的日子裡，遠離污濁的官場，蔡邕靈魂深處散落的音符，珠串成閒逸自由的樂音，撫慰著他十二載的晨昏晝夜。有賴太山羊氏相助，他屢被驚嚇的心靈終於安放在這個異鄉的吳地，混跡在紅塵之中，或者訪問友人，或者閑坐讀書。俗常生活松緩且平和，他的思緒也變得自由而舒展。

　　這一天，他像往常一樣臨窗獨坐，不時聞到鄰家的煙火味，仿佛還能聽到爐灶內火焰竄動的劈啪聲。他的聽覺執意糾纏在那"火烈之聲"，那聲音清脆、深透，直入虛空——，這是桐木著火的聲響，而且是良木。他驚喜異常，急速讓主人熄火，旋即一根粗大的桐木冒著青煙從土灶裡被拖出。蔡邕將這根桐木製成古琴，因其尾部有燒焦之痕，故名"焦尾琴"。

107

　　亡命江海，遠跡吳會，意外獲得良琴，生活的邊界在琴弦上與書籍中得到最大的延伸，他的神思追隨著玄妙的琴音和文字穿越古今，往日的辛酸冤屈與苦難也像一段悲哀低抑的樂章，不時在深宵靜夜湧向心頭，畢竟那是一段又一段錐心的冤痛。從歷經官場風波，到托身江海，所有的悲歡都融入他的琴音之中，融化為其琴音渾厚、深遠、蒼涼的意境。

　　二十多歲時他的琴藝已極為高超，為眾人所欽慕，也為某些人所惦記。當時蔡邕尚在老家陳留，"閒居玩古，不交當世"。權傾一時的"五侯"向桓帝獻媚，說蔡邕善鼓琴，於是桓帝命陳留太守督促蔡邕到京師。蔡邕不得已上路，到偃師時託病而歸，時延熹二年（159）秋。這次京都之行最終不了了之。作為讀書人，尤其受琴樂的滋養和浸潤，蔡邕生性中的清高已顯露出與權勢相隔膜，也預示著他今後的人生將在躋身仕途和潔身自好之間而掙扎。

　　蔡邕（132—192），字伯喈，河南杞縣人。據《後漢書》本傳所言，蔡邕"性篤孝"，"與叔父從弟同居，三世不分財，鄉党高其義"；"少博學"，"好辭章、數術、天文，妙操音律"。蔡邕之人品才學在當時皆頗負盛名，進入仕途也是他應有出路，但漢末察舉選官制已失靈，士人沒有正常的出仕途徑，只能靠拔擢。蔡邕先是"師事胡廣"，建寧三年（170）又為司徒喬玄掾。喬玄對之甚為禮遇，"出補河平長，召拜郎書，校書東觀。遷議郎"[1]，這時期大概是蔡邕"事業上"最為順當之時。在這段時間裡，蔡邕的生活模式基本是在東觀校書，修定六經，撰寫碑銘文，不時也運用自己所有的陰陽數術知識，上書表達對時政的看法或建議。

與精通琴藝給蔡邕帶來名聲和干擾一樣，熟知"數術"也帶給蔡邕以榮耀，更有麻煩。漢靈帝熹平六年後災異頻發，以古人的天命觀認為這是上天對"天子"的警告，亦即"天譴"。漢靈帝不能不為之警覺，於是幾番向大臣請教改進之策，精通數術的蔡邕難免被召問。先是在熹平六年（177）七月，蔡邕《上封事陳政要七事》。第二年（光和元年）七月，又作《詔問災異八事》。後者卻惹禍了。

天象異常，說明政事有不當，而政事又難免涉及人事，被詔問者多不敢直言，因為會得罪人，甚至引禍上

---

1 《後漢書・蔡邕列傳》，中華書局，1965 年 5 月，P1990。蔡邕本人文章說是在建寧五年正月為司徒掾。

身。漢靈帝對此心知肚明，所以說"庶聞忠言，而各存括囊，莫肯盡心"。於是光和元年（178）靈帝特詔"宜披露失得，指陳政要，勿有依違"。為了讓蔡邕解除顧慮，特詔准蔡邕"具對經術，以皁囊封上"，也就是類似密奏。蔡邕遂"悉心以對"，在答詔中特別指出災異乃因小人在位所致，並且指名道姓，如乳母趙嬈婦人干政、永樂門史霍玉奸邪；太尉張顥、光祿勳姓璋"貪濁"，以及長水校尉趙玹、屯騎校尉蓋升"叨時幸，榮富優足"。其他像"辟召不慎，開請托之門"等等。靈帝"覽而歎息"。當靈帝"起更衣"時，其身邊的中常侍曹節"於後竊視之，悉宣語左右，事遂洩露。其為邕所裁黜者，皆側目思報"[2]。

接下來的結果可想而知。由於應詔直言得罪人，加上原先有些人與蔡邕有嫌隙，且他們之間互有關係，故一起加害蔡邕。信誓旦旦的靈帝不但不能出面保護，反而詔問蔡邕詰狀。蔡邕自知因奏章"譏刺公卿，內及寵臣"，以致"誹謗卒至，便用疑怪"。結果是"下邕、質（邕叔父）於洛陽獄，劾以仇怨奉公，議害大臣，大

---

2 《後漢書·蔡邕列傳》，P2000。

不敬，棄市"[3]。

　　自古以來，說真話應是"士"（現在稱"知識分子"）的天職，遺憾的是說真話的人基本都沒有好結果，古今皆然。"天子"鼓勵直言上書，容易被理解為最高統治者要廣開言路，於是那些亟欲報國效君的士大夫以為糾正時弊的機會到了。這些向君主"至言"的臣下披肝瀝膽，甚至不顧身家性命，忠言相告，誰知招致禍殃卻得不到庇護。用蔡邕的話說，他之所以應命上書，"實欲以上對聖問，救消災異，規為陛下建康寧之計"，但結果又怎樣："詔書每下，百官各上封事，欲以改政思譴，除凶致吉，而言者不蒙延納之福，旋被陷破之禍。今皆杜口結舌，以臣為戒，誰敢為陛下盡忠孝乎？"[4]或許漢靈帝的初衷還是為了糾正治政偏失，並非有意設陷阱加害大臣。有些統治者就不是這樣了，他們擔心有人覬覦王位，或者有異心者蓄謀推翻其政權，於是變乎花樣"引蛇出洞"，從而消滅之，其居心和手段更為險惡。

　　為了使政權統治更穩固，及時發現問題，及時糾

---

3 《後漢書・蔡邕列傳》，P2002。
4 同上，P2001-2002。

偏，不能說不是某些統治者的意願，所以古時就有諫官的設置。作為統治者大概都想獲得臣下的"忠言"，對於開明的統治者來說，由此可知自己統治存在的問題；對於別有用心的統治者而言，則藉此獲知誰有"異心"或不滿。顯然採納忠言並非易事。為了讓"忠言"盡可能入君耳，前人總結出五種"諫"的方法："禮有五諫，諷為上。"[5]"諷諫"之所以可取，或許在於尚委婉含蓄，不那麼咄咄逼人。蔡邕"至言"方法應該屬於"諷諫"，即"知禍患之萌而諷告也"，且是應命上書，不至於觸動龍鬚而罹罪，但冒犯了一些權貴。漢靈帝之所以"覽而歎息"，或許他知道蔡邕所言之事實，或許他明知何人在擾亂朝政卻無可奈何？明顯可見的是蔡邕的諫議即使沒有節外生枝，也不會有何效果，倒是讓蔡邕接二連三招來厄難。

　　蔡邕被下令"棄市"後，"中常侍呂強愍邕無罪，請之，帝亦更思其章，有詔減死一等，與家屬髡鉗徙朔

---

5 《後漢書・杜欒劉李劉謝列傳》，P1853。注文曰："五諫謂諷諫、順諫、闚諫、指諫、陷諫也。諷諫者，知患禍之萌而諷告也。順諫者，出辭遜順，不逆君心也。闚諫者，視君顏色而諫也。指諫者，質指其事而諫也。陷諫者，言國之害忘生為君也。見《大戴禮》。"P1854。

方，不得以赦令除"[6]。承呂強相救，漢靈帝大概也從蔡邕的章奏中看到蔡邕的忠心，為此蔡邕罪減一等，免於一死。但迫害並沒有停止，原先與蔡邕有仇隙的酷吏陽球派人一路追殺蔡邕，刺客卻感蔡邕道義，不忍下手。陽球又賄賂"部主"，使之加害蔡邕，部主反而告蔡邕以實情而使之得免。這一過程固然可見蔡邕人格之高尚，為人所景仰，也說明道義和曲直自存人心，但比政治昏昧更可怕的人性之惡，也彰顯無遺。

沒想到第二年蔡邕遇赦，原因是蔡邕此前在東觀與盧植等人撰補《後漢記》，遇難後不得完成，他便上書自陳，並上奏已完成的"十意"（猶"十志"），於是"帝嘉其才高，會明年大赦，宥邕還本郡"。從被徙邊到遇赦還都，前後九個月。蔡邕在即將離開貶居的五原安陽縣之時，五原太守王智為之餞行，"酒酣，智起舞屬邕，邕不為報"。王智是中常侍王甫的弟弟，"素貴驕，慚於賓客，詬邕曰'徒敢輕我！'邕拂衣而去"。在大庭廣眾面前，蔡邕不給王智面子，王智惱羞成怒，遂"密告邕怨於囚放，謗訕朝廷。內寵惡之"。雖遇赦當還，因為這件事，蔡邕"乃亡命江海，遠跡吳會"。

---

6 《後漢書・蔡邕列傳》，P2002。

　　據說蔡邕能從琴音中辨識出"殺機"。那時蔡邕還在陳留老家，由於其為人才學品德"素為邦鄉所宗"，曾有鄉人具備酒食，等著蔡邕來一起酣飲盡歡。這時來客中有人在屏風後彈琴，蔡邕到門前靜聽，居然聽出"殺機"，於是歎曰："以音樂招待我，竟然藏有殺心！"遂返身而去。應命去邀請蔡邕的人告訴主人說"蔡君剛才來了，到門前就離開"。主人趕去追問，蔡邕實言相告，彼此都覺得可怪。最後問到彈琴者，他說剛才在彈琴時見螳螂正在打算捕捉鳴蟬，而鳴蟬正要飛起但尚未飛，螳螂也為之"一前一卻"。彈琴者說他的內心也很緊張，擔心螳螂可能捕不到鳴蟬，"此豈為殺心而形於聲者乎？"

　　險惡政治環境中的"殺機"對於蔡邕來說也不難預料，為了保命，蔡邕唯有一"逃"。

　　在吳地生活十二年，如果政局不發生變化，也許蔡邕在江南的日子尚可延續下去。但是中平六年（189）靈帝崩，董卓當上司空，"聞邕名高，辟之"。蔡邕"稱疾不就"，董卓大怒，罵道："我力能族人，蔡邕遂偃蹇者，不旋踵矣。"也就是說，我的能力能滅人家族，也可以讓蔡邕頃刻再陷入困境。蔡邕並不為之所動。董卓又急令州郡讓蔡邕到他官府報到，蔡邕不得已應命。
董卓倒是相當器重蔡邕，先是“署祭酒，甚見敬重。舉
高第，補侍御史，又轉持書侍御，遷尚書。三日之間，
周歷三台。遷巴郡太守，復留為侍中”[7]。

　　蔡邕的命運看來有轉機，可是因為與董卓扯上關
係，麻煩更大了。在與董卓交往期間，蔡邕的日子相對
還好過，“卓重邕才學，厚相遇待，每集讌，輒令邕鼓
琴贊事，邕亦每存匡益”。董卓對蔡邕的“匡益”之言
有時還能聽得進，比如董卓的賓客部曲們議欲尊董卓比
太公，稱尚父，董卓就此請教蔡邕，蔡邕以為不可，“卓
從其言”。初平二年（191）地震，董卓問蔡邕，蔡邕說
這是“臣下踰制之所致也”，並說前春郊祀上天，董卓
輿服不當，董卓於是改乘皂蓋車。董卓不僅器重蔡邕，
而且有時尚能聽取蔡邕的意見，恐怕這是蔡邕先是拒絕
董卓所召後與之相處的主要原因，他也想藉董卓對他的
信任，糾正董卓的一些不當做法，或寄望董卓能“上解
國家播越之危，下救兆民塗炭之禍”[8]，擔負起匡時救弊

---

7 《後漢書・蔡邕列傳》，P2005。按：正史說“三日之間”，蔡邕《薦
　太尉董卓可相國並自乞閑冗章》說是三月之中，可能更近理。
8 蔡邕《薦太尉董卓可相國並自乞閑冗章》，嚴可均《全後漢文》
　卷七十一，中華書局，1958 年 12 月，P862。

的重任。"然卓多自很用，邕恨其言少從"，蔡邕雖不得不與董卓周旋，但已心生退意。

蔡邕再次想到"逃"。蔡邕跟他的從弟蔡谷說："董公性剛而遂非，終難濟也。吾欲東奔兗州，若道遠難達，且遁逃山東以待之，何如？"當初因得罪王智，他便逃去吳會，現因預見董卓的危害，他又想到逃離。可是蔡谷說："君狀異恒人，每行觀者盈集，以此自匿，不亦難乎？"蔡邕與蔡谷的對話具體時間難以確定，但最遲應是董卓於初平三年（192）四月被誅之前。初平元年（190）正月，後將軍袁術、渤海太守袁紹、冀州牧韓馥、兗州刺史劉岱等人同時舉兵，推袁紹為盟主，興師討伐董卓。初平二年（191）曹操進入東郡擊破黑山軍，袁紹上表任曹操為東郡太守，治東武陽，時屬兗州。初平三年（192）青州黃巾軍百萬入兗州，劉岱被殺，鮑信遂迎曹操為兗州牧。據《英雄記》說劉岱"孝悌仁恕，以虛己受人"[9]，這大概也是蔡邕想投奔兗州的原因。逃兗州不成的話，則去山東，這是蔡邕的第二個選擇方案。初平元年山東兵起，曹操行奮武將軍。蔡邕與曹操關係

---

9 《三國志·吳書·劉繇太史慈士燮傳》注引，1982 年 7 月二版，P1184。

向來甚好，故蔡邕有此打算。蔡邕最後沒有果斷做出決定，可能因為當時無論劉岱，還是袁紹、曹操，他們紛紛自立山頭，甚或相互殘殺，天下已經大亂，幾乎已找不到一處可以安身。

　　初平三年（192）四月，董卓為王允、呂布所誅。據史書記載，董卓死後被陳屍於市，因天氣始熱，董卓為人肥胖，脂流於地，守屍吏在他肚臍上點火，“光明達曙，如是積日”。大概在董卓死後不久，“邕在司徒王允坐，殊不意言之而歎，有動於色”。談到董卓之死，蔡邕情動於中，並形於色，王允為此勃然叱之曰：“董卓國之大賊，幾傾漢室，君為王臣，所宜同忿，而懷其私遇，以忘大節！今天誅有罪，而反相傷痛，豈不共為逆哉？”王允的這番話說出幾個關鍵問題：一是蔡邕因與董卓有“私遇”，所以“相傷痛”。二是董卓是“國之大賊”，蔡邕身為漢室大臣，應該與之勢不兩立，這是“大節”。也就是說，蔡邕耽溺於個人私情而“忘大節”，用今天的話說就是立場有問題，敵我不分。這是非常嚴重的原則問題，王允於是立馬將蔡邕“收付廷尉治罪”。

　　因為感念董卓的知遇之恩，也可能感傷董卓下場之悲慘，蔡邕只是出於人之常情，對董卓動了那麼一點憐憫之心，沒想到卻招致殺身之禍。董卓當然極其"無道"，但在史家的記述裡，他也還有那麼一些動人之處："及其在事，雖行無道，而猶忍性矯情，擢用群士"；"追理陳蕃、竇武及諸黨人，以從人望。於是悉復陳蕃等爵位，擢用子孫。"被漢室迫害致死的陳蕃等黨人，卻在賊臣那裡得到平反，即使只是"忍性矯情""以從人望"。同樣，由於應命"至言"卻得不到應有保護並幾被"棄市"的蔡邕，卻得到董卓的青睞。如果說蔡邕難免囿於私情，史家的評論也許是客觀的："董卓初以虓闞為情，因遭崩剝之勢，故得蹈藉彝倫，毀裂畿服。夫以刳肝斮趾之性，則群生不足以厭其快，然猶折翼縉紳，遲疑陵奪，尚有盜竊之道焉。"[10]也就是說董卓雖然生性殘暴，但他還是懂得禮敬讀書人，而且並不曾篡權奪位，可謂"盜亦有道"。後代的一些評論卻為忠奸觀念所左右，只有道德評判，沒有人性審視。

由於正統觀念影響，歷史上許多正人君子分辨忠奸正邪的界限極其分明，凡是那些被視為奸臣、逆臣，或有篡逆行徑的亂臣賊子都被釘在歷史的恥辱柱上，除非

---

10 《後漢書‧董卓列傳》，P2344。

他們篡權成功。不僅篡逆者本身如此，那些與他們有過從，無論被迫或自願出任偽官的人，也都被牽連。至於那些事"二姓"者更是罪莫大耶。蔡邕之前有揚雄，蔡邕之後有潘岳、陸機，甚至王維等等。那些亂臣賊子或篡權者成為眾人共誅之的靶子，他們只是政治鬥爭的一個標籤，早就被剝奪了作為一個人的實存性。然而，弔詭的是這些亂臣賊子除了有惡行之外，也有一些善舉，這讓一些受其恩惠而又重情的人不願忘懷。蔡邕又是一個實例。

　　觀念之偏狹比政治之黑暗更可怕，因為政治很短暫，但觀念卻難以改變。蔡邕的祖父蔡勳生當西漢末，時王莽授之以"厭戎連率"，蔡勳對著印綬仰天而歎："吾策名漢室，死歸其正。昔曾子不受季孫之賜，況可事二姓哉？"蔡勳與王莽或許並沒有私交，他可以從正統的觀念考慮問題。蔡邕與董卓的關係則不同，一是董卓並無篡逆漢室，蔡邕與之過從並非事"二姓"。二是董卓為人雖然粗猛，但尚能擢用鄭泰、蔡邕、何顒、荀爽等有才學的人。三是在董卓之前蔡邕受盡冤屈，險些被殺，董卓對他的好因此尤為難忘。而且董卓死後如此慘狀，僅從一個生命體而言，這種結局難免不令人動容而"哀矜勿喜",何況曾經受其恩惠的人?所謂"屬其慶者,豈能無懷"。即使不能報恩,感念別人曾有的恩德,也是起碼的做人道理,亦即"意氣之感,士所不能忘也"。像蔡邕這樣品德純正、博通情理的士君子,自覺或不自覺地超越政治立場的界限,達至對人性的理解與體恤,應不足為怪。

可是王允卻因蔡邕"矜情變容,而罰同邪黨"。即使蔡邕陳詞請謝,那怕願意被"黥首刖足",但求留得一命繼續著述漢史亦不可。太尉馬日磾勸王允不可枉殺無辜,王允卻說了一通話,認為當年漢武帝不殺司馬遷是錯誤的,以致司馬遷"作謗書,流於後世",現在他不能讓這種情況再出現,即"不可令佞臣執筆在幼主左右。既無益聖德,復使吾党蒙其訕議"。王允的話頗有意味,間接反映蔡邕所作漢史有"謗書"之嫌。王允所擔憂的看來也是許多統治者所擔憂的問題,因為撰述史書者必對歷史事實進行記錄,那些暴君、昏君或庸主,或奸臣、佞臣、酷吏及王允所謂"吾黨",唯恐自己的行徑被記錄在冊,流傳後世,所以他們對史家的書寫是恐懼的,及至嚴加杜絕。歷代統治者多深諳此道,不用說撰述史書了,在某些時期連一般的言論也被禁絕。

　　在王允看來，留下蔡邕就等於留下一個對他們不利的活口，這些讀書人雖然手無縛雞之力，但筆能“訕議”。蔡邕最後死於獄中，終年六十一歲。據說王允後悔了，但已來不及挽回。王允本人終究也死於非命。馬日磾向王允求情不得後說了一段話應驗了：“王公其不長世乎？善人，國之紀也；製作，國之典也。滅紀毀典，其能久乎？”[11]也就是封殺正直言論，不讓撰述史志，迫害“善人”，這樣的政權統治能長久嗎？

　　蔡邕被王允投入獄中之後，上至太尉，下至士大夫紛紛援手相救。但蔡邕的人格和學養，終究不足以抵禦險惡的政治環境和醜陋人性，並為狹隘的正統觀念所否棄。蔡邕的經歷再次說明官場已非正直的讀書人可以立身之處，品德、才學也不足以作為立足官場的有利條件。尤值注意的是蔡邕身上愈益突顯的文人特質，與之前的一些士人不甚相同，恰巧文人作為一個階層正是形成於東漢中後期。文人（文士）最初自成一類族群後，他們身上還帶著“士”的印記，仍然有道義擔當，仍然堅持說真話，但是這些可貴的品質讓他們在險象叢生的官場無法自保，他們與政治的關係也不得不越來越疏

11　《後漢書・蔡邕列傳》，P2006。

遠，這使他們開始欲逃離官場。蔡邕萌生“逃”的想法
在以前也少見，多數士人遇到官場環境之險惡，他們更
多是無奈面對，或痛苦掙扎，或盡力忍耐而懷抱幻想。
蔡邕卻想到逃離，這也就是“見識”。學問要變成“見
識”，方能“知機”而激流勇退。古今許多學者才人有
學識卻無見識，該逃離未逃離，以致滅頂，多半因為不
能認清統治集團的本質。

　當處身的現實已成為困局而不是掩體，身心的突圍
遲早就要發生，亦即從被迫逃離到自覺逃離，以保持自
我人格的獨立尊嚴。蔡邕欲從現實中抽離的“見識”不
僅源自其學養，也是他從自身的經歷及前人的遭遇中看
到不可規避的統治危機。在他的文章中他兩次用急速奔
走卻無法控制的“皇車”“群車”比喻一個沒落、衰敗
的政權。一是看待屈原當時處境，他發出這樣的感慨：
“皇車奔而失轄，執轡忽而不顧。卒壞覆而不振，顧抱
石其何補？”（《弔屈原文》）。屈原渴望楚王眷顧，
可是楚國奸臣當道，君主昏昧，已經像一架失控的馬
車，最後只會走向滅亡，屈原又何必為之抱石沉江？二
是蔡邕看到自身所處王朝的危機：“群車方奔乎險路，
安能與之齊軌。”（《釋誨》）蔡邕最初可能對統治者

抱有幻想，當他清醒看到這個政權已無可救藥，而不想繼續在這輛車上與之同毀。只是亂世中他不知逃往何處，甚至他的名望也成為他出逃的障礙。一百多年後，儒者所看重的“名”逐漸為更多人所輕視，蔡邕此時可能尚無這樣的自覺意識，但應該切實感到盛名之累，卻無可奈何。

　　蔡邕生活的時代不僅是朝代更迭之際，也是士大夫文人命運的轉捩點。在亂世危患中人生的真面赫然呈現，從外戚宦官爭權，及至兩次黨錮之禍到董卓之亂，政治的兇殘與醜陋呈露無遺。生命如此孱弱而無常，令人深感無助，人們開始思考自身存在的真實價值。無處可去的蔡邕，他只能“抱璞而優遊”，只能在琴音中安放自己的靈魂，開拓屬於自己的精神世界。

　　現實中危患重重，殺機四伏，然而在蔡邕的琴聲中卻是大自然詩意盎然的景色和幽懷獨抱。蔡邕所作的琴曲傳說有《蔡氏五弄》：《遊春》、《綠水》、《幽居》、《坐愁》、《秋思》，據說這五首曲是當時蔡邕去山中訪問鬼谷先生後，用了三年時間所著成。據楊宗稷《琴話》所言：“蔡邕昔入青溪訪鬼谷先生居山東，嘗有人游，因成《遊春》。南有綠潤流，因成《綠水》。中即先生所居深邃，因成《幽居》。北即高岩峻極，猿鳥多哀，因成《坐愁》。西即秋風瀟騷而生顥思，因成《秋思》焉。"[12]這五首曲子據說在當時就受到人們的重視，並歷經各代，盛傳不衰。除了《蔡氏五弄》外，明朝朱權編的《神奇秘譜》中《秋月照茅亭》、《山中思友人》兩首古琴曲，題解稱也是蔡邕的作品。這些琴曲是否真是蔡邕所作已難考證，即使是他人偽託蔡邕之名，也足可說明蔡邕琴藝之高超、名氣之大。從琴曲名可見，制曲者陶醉於自然的美景，那時他的神思已遠離污穢的官場，甚至已無視世俗的恩怨，但以澄淨的心靈與天地交融，在季節更換之際懷想人間純美的情誼，這也是他一生所懷抱的至性至情。他的眼界漸由廟堂而遠及江海，由吳會而擴至無極，他的琴音也由平穩蒼勁而漸至悠遠縱逸，直至遁入虛空。

---

12 楊宗稷《琴話》四卷，清刻本。

曹丕：留意篇章

　　當漢代四百年統一格局被打破，風雲激蕩造就曹家父子的百代功業，也開啟了文學的新篇章。在動盪亂離的社會背景下，建安文人的目光已不專注於官場，而以"立德、立功、立言"為人生目標，追求生命之不朽。這是歷史給予他們的機遇，更是權力在握的曹氏父子為他們創造了條件。經過流離顛沛的建安文人歸附曹操後，成為曹氏集團的成員，在政治上沒有敵我的對立感，也沒有生活在政治夾縫中的憂懼，而洋溢著功業進取和文學創作的激情，從而以"三曹七子"為代表的建安文人構建了亂世中的文學盛景。正如劉勰所言：

　　　　自獻帝播遷，文學蓬轉，建安之末，區宇方
　　輯。魏武以相王之尊，雅愛詩章；文帝以副君之重，妙善辭賦；陳思以公子之豪，下筆琳琅；並體貌英逸，故俊才雲蒸。仲宣委質於漢南，孔璋歸命於河北，偉長從宦於青土，公幹徇質於海隅，德璉綜其斐然之思，元瑜展其翩翩之樂，文蔚休伯之儔，于叔德祖之侶，傲雅觴豆之前，雍容衽席之上，灑筆以成酣歌，和墨以藉笑談，觀其時文，雅好慷慨，良由世積亂離，風衰俗怨，並志深而筆長，故梗概而多氣也[1]。

鍾嶸《詩品》也說：

降及建安，曹公父子，篤好斯文；平原兄弟，郁為文棟；劉楨、王粲，為其羽翼。次有攀龍托鳳，自致于屬車者，蓋將百計。彬彬之盛，大備于時矣[2]！

如果說 "雅愛詩章" 的曹操是建安文學的開創者，

---

1 《文心雕龍註・時序》，范文瀾註，人民文學出版社，1958 年 9月，P673-674。
2 《詩品注》"總論"，鍾嶸著，陳延傑注，人民文學出版社，1961年 10 月，P1。

曹植是推動者，曹丕則是組織者和倡導者。雖然曹丕的政治軍事才能不及其父，文學成就不如乃弟，但他可謂文武兼具而自有特點，尤其在確立文學的地位，肯定文學的價值，身體力行從事文學寫作等方面頗為突出。無論理論宣導，還是創作實踐及從事文學活動，曹丕皆做出重要貢獻。

在漢獻帝建安九年之前，"七子"之阮瑀、應瑒、陳琳已歸從曹操。建安十三年，曹操平定荊州，王粲來歸，此後鄴下文學集會終成規模。曹丕兄弟與諸子"行則接輿，止則聯席，何曾須臾相失"[3]，他們一起宴遊賦詩或評論歷史人物，或私下交流所作，切磋詩藝，增進友誼。較大的幾次文學集會有如西園、南皮、孟津之遊，小範圍的聚會、遊宴更多。這些文學活動大都由曹丕挑頭或主持，文學活動的創作題材大多與他們的生活相關，涉及從軍、公宴、詠物、贈答，反映漢末現實以及哀憫棄婦、寡婦，傷悼殤子等等。在詩歌形式方面，建安文學也是別開生面：四言詩至曹操發展到新階段，六言詩則有孔融所作，曹丕的《燕歌行》學界公認是現存最早

---

3 曹丕《又與吳質書》，見《曹丕集校注》，夏傳才校注，河北教育出版社，2013 年 6 月，P110。

的七言詩。至於五言詩創作更是蔚為大觀，如劉勰所言："暨建安之初，五言騰踴：文帝陳思，縱轡以騁節；王徐應劉，望路而爭驅。並憐風月，狎池苑，述恩榮，敘酣宴，慷慨以任氣，磊落以使才；造懷指事，不求纖密之巧；驅辭逐貌，唯取昭晰之能：此其所同也。"[4]

除了主持文學集會、推進建安文學的繁榮發展，曹丕還為建安諸子編撰文集。孔融死後，曹丕以重金募集其文章。王粲等人相繼病歿，曹丕亦"頃撰其遺文，都為一集"。曹丕還命劉劭、王象、繆襲等人編撰第一部類書《皇覽》，開官方組織編纂類書的先河。

曹丕有關文學理論的主張更是建安文學的綱領性宣言。在《典論·論文》中他充分肯定文學的價值，提高文學的地位，探討作家氣質對作品風格形成的影響及不同文體寫作的特點，宣稱"文學乃經國之大業，不朽之盛事"。在《與大理王朗書》中他也說："生有七尺之軀，死唯一棺之土，唯立德揚名，可以不朽，其次莫如著篇籍。"[5]其文學主張對於建安文學創作具有指導作用，在中國古代文論史上亦有開創意義。

---

4 《文心雕龍註·明詩》，范文瀾註，P66-67。
5 《三國志·魏書·文帝紀》，中華書局，1982 年 7 月二版，P88。

　　不僅理論宣導，曹丕也勤於著述。《三國志‧文帝紀》曰：“初，帝好文學，以著述為務，自所勒成垂百篇。”注引《魏書》也說：“故論撰所著《典論》、詩賦，蓋百餘篇，集諸儒於肅城門內，講論大義，侃侃無倦。”[6]曹丕詩文風格既不同於曹操的“古直悲涼”，也不同於曹植的“骨氣奇高”，而有“文士氣”或“公子氣”。鍾嶸《詩品》將曹丕列於“中品”，後代許多評論家也大多持“抑丕揚植”的看法，對此劉勰所論比較公允：“魏文之才，洋洋清綺，舊談抑之，謂去植千里。然子建思捷而才雋，詩麗而表逸；子桓慮詳而力緩，故不競於先鳴；而樂府清越，《典論》辯要，迭用短長，亦無懵焉。但俗情抑揚，雷同一響，遂令文帝以位尊減才，思王以勢窘益價，未為篤論也。”[7]其詩賦內容大多淺顯明白，“鄙質如偶語”[8]，但“便娟婉約，能移人情”[9]，自有“清綺”之特色，情味綿長。

　　曹丕之所以有這樣的見識和作為，與他生活的時代背景、家庭環境及其父親影響有極大關聯，也與其個性

6　《三國志‧魏書‧文帝紀》，P88。
7　《文心雕龍註‧才略》，范文瀾註，P700。
8　《詩品注》卷中，鍾嶸著，陳延傑注，P31。
9　沈德潛《古詩源》“文帝”題注，中華書局，1963 年 6 月，P107。

氣質、志趣愛好，尤其立太子經歷密切相關。

曹丕（187—226），字子桓。與曹植相比，曹丕似乎有趣一些，他多少有點"邪"。曹丕天生就是紅塵世界的玩家，他能射箭騎馬、彈棋作文，尤好田獵。很小他就能誦讀《詩》、《論》，年紀稍長，五經、四部、《史》、《漢》及諸子百家之言，"靡不必覽"。八歲時他就能騎射，能做文章，且"少好弓馬"，至年長而不衰。建安十七年十月曹丕從曹操東征，荀彧奉使犒軍，與曹丕交談曰："聽說你善於左右開弓，真難得。"曹丕回答說在射場射擊固定的靶子，算不了什麼。若在平原上追逐飛奔的禽獸，"使弓不虛彎，所中必洞，斯則妙矣"[10]。曹丕的劍術也很了得，據說他曾與平虜將軍劉勳、奮威將軍鄧展在一起飲酒，得知鄧展有膂力、能擒拿，懂得使用五種兵器，曾徒手與手持兵器者交戰。曹丕與之討論劍術，酒酣耳熱，兩人用甘蔗交手，曹丕三次擊中對方的手臂。鄧展不服，要求再試，曹丕知道他可能要改變招數，也變換劍法，這次擊中鄧展的額頭。曹丕還會"持複"，即善用雙戟，自身就好像在鐵室中一般，無破綻讓對手有機可乘。他還拜師學習以單

---

10 《典論·自敘》，見《三國志·魏書·文帝紀》注引，P90。

刀破雙刀，變化若神，對手根本無法明白他如何出手！除了習武讀文之外，他還擅長彈棋，可以不用手，而用手巾角拂動棋子。

　　令人奇怪的是曹丕如此多才多藝，曹操為何遲遲不願立他為太子？都說知子莫如父，曹操應該極瞭解這個兒子。在史籍記載中竟然罕見曹操對曹丕的評價，僅有一條記錄隱約透露一些信息，即曹丕為五官中郎將時，曹操讓邴原為五官長史，並下令：“子弱不才，懼其難正，貪欲相屈，以匡勵之。雖云利賢，能不惡惡！”[11]在曹操眼中，曹丕弱而不才。“弱”或指文弱，做事不果斷、缺乏魄力，器量不大或不堪大任，都可稱“弱”。“不才”可能是謙辭，但也可能隱含對曹丕的真正看法。“懼其難正”更是傳達出一個父親的憂慮。“貪欲相屈”或許就直接點到曹丕的短處。曹丕的“貪欲”，史書有曲筆，但不無根據。為了得到鍾繇的玉玦，曹丕讓曹植托人向鍾繇索取。又曾向曹洪貸絹百匹，曹洪不予，曹丕深恨之。出於貪欲，做事往往不講原則，所講皆是人情，他如曾經向負責人事工作的毛玠走後門，要求任用自己不合格的親眷；郭后弟犯法，管事的

11　《三國志‧魏書‧邴原傳》注引《原別傳》，P353。

鮑勳不接受曹丕的說情，後來遭到曹丕的報復。

曹操大概很早就看出曹丕的不足之處，曹丕不是他理想的接班人，否則不會有曹沖、曹植出來攪局。但是曹操又一直把曹丕當接班人來培養。曹丕八九歲時曹操就教他騎射、課以詩書。從小曹操就帶他出征，委以重任，磨礪他的才幹。建安十年，曹操征袁譚，留丕守鄴。建安十六年，丕為五官中郎將，統領警衛隊，置官署，為丞相副。曹操為曹丕找的“文學”、“中庶子”、“舍人”等，人數最多，無論名望、素質都極高，給足曹丕的面子，以至趨從者甚眾，“天下向慕，賓客如雲”[12]。建安二十二年曹丕立為太子時，曹操對其他兒子說：“汝等悉為侯，而子桓獨不封，而為五官中郎將，此是太子可知也。”[13]也就是說，他一貫都是把曹丕當作太子人選來對待的。曹丕本人似乎也以太子正牌人選自居，這不僅來自曹操的公開激勵，也是曹丕內心的期待。

本來一切可以就此順理成章，可是曹操在這件事上不想含糊。曹丕固然不錯，如果沒有曹沖、曹植，他可

---

12 《三國志·魏書·邴原傳》注引《原別傳》，P353。
13 曹操《立太子令》，見《曹操集》，中華書局，1959 年 7 月，
　　P49。

能就是現成的，無奈偏偏就有。大約在建安六七年開始，那時六七歲的曹沖已顯露出天賦資稟的過人之處。曹操開始屬意這個兒子，有意無意流露出讓曹沖接班的意思。不過，曹操在正常程式上還是以曹丕為軸心，對他多少有點安慰。

沒想到曹沖夭折。曹操對曹丕說，曹沖之死，"此我之不幸，而汝曹之幸也"。其實曹操至此未必就有立曹沖為後的具體措施，他自己此時也只是漢帝任命的一個丞相而已，尚未稱公稱王。赤壁之戰曹操慘敗，更是受到當頭一棒，他的野心多少受到一些抑制，而袁譚、袁尚、劉琦、劉琮兩對兄弟手足相殘，不能不讓曹操有所警懼。若干年後，曹丕常對左右說："家兄孝廉，自其分也。若使倉舒在，我亦無天下。"口氣輕鬆而自得。

曹丕可能以為此後不會再有什麼威脅，他愈發堅信自己是太子的不二人選——甚或就是太子。父親曹操依然表現出對他的支持，這在一件事上可見：當時有一個名叫周不疑的人，幼有奇材，聰明敏達，曹操對之頗為賞識，欲以己女妻之，不疑謝絕了。曹沖去世時，不疑十七歲，曹操很快派刺客把不疑殺掉，曹丕"諫以為不可"，曹操卻說"此人非汝所能馭也"，若是曹沖在世"可與不疑相儔"。此話頗有點懷疑曹丕智力的味道，但以曹丕之聰明，看得出曹操似有為他掃清道路之意。不過其中還有一個危險的信號：曹操對他仍然不是最滿意。那麼，還會有誰能入曹操的法眼？

估計曹丕揣摩過他的兩個親弟弟，但一個偏武，一個偏文，比起他們，曹丕覺得自己也算是文武兼備，對此他頗有信心。緊接著，曹操的舉動也符合曹丕的預期。建安十四年，曹操開始準備用兵東吳，著手治理水軍，曹丕隨曹操到譙。曹操也有意讓曹丕介入政事。當時曹操欲給田疇封爵，連下四次令，田疇皆不接受，有司奏請給田疇免官加刑，曹操便讓曹丕及大臣進行博議。曹丕作《田疇辭封議》，所見通情達理，為曹操所採納。

誰知曹操的注意力很快發生轉移。建安十五年冬天，鄴城銅雀台落成，曹操攜諸子登臨遊覽，並命各人作賦，曹植援筆立成，辭采可觀，讓曹操刮目。此前曹操曾見過曹植寫的文章，已吃驚不小，但懷疑是求人代作。這次現場作文可是硬碰硬的功夫，曹植一揮而就，寫景狀物都與實情契合，且寓意深刻。對於曹操來說，這簡直是一個令人振奮的發現。曹家不缺能行軍打戰的人手，一如曹彰，未曾料到的是曹家還有文才出眾的子弟。這年曹植十九歲。曹操決定要觀察這個兒子。他很快看出這個兒子的長處：舉止自然、風格簡易，不治威儀，輿馬車服，不尚華麗，這使曹丕的自矜、倨傲，講究服飾儀容、崇尚虛華的脾性，都變得相當刺眼。當曹操聚焦曹植之後，曹植的優點被加倍放大，曹操對曹植的寵愛急劇升級。曹丕自然看得出父親的心理變化，儘管曹操繼續按既定方針辦事。

建安十六年正月，曹丕升格為五官中郎將、副丞相；曹植封為平原侯，食邑五千戶。漢獻帝減曹操戶五千，封所讓三縣萬五千戶，分與曹操的三個兒子，其中包括曹植。曹植得寵已不是一種感覺，而有看得見的實惠。

得到五官中郎將的頭銜多少讓曹丕嘗到定心丸的滋味，但他意識到這還不是最後的勝利，他絕不可掉以輕心。於是，他利用自己現有的權力，廣交朋友，提高知名度，打開關係網，給自己造勢。其次，向長者或可能爭取到的支持者，展現謙恭的姿態，求教"自固之術"。不過其內心的酸楚卻無法向人道："憂來無方，人莫知之。"他只能訴諸文學，傾吐心聲。在他現存作品中，不難感受到他心靈的苦痛、掙扎、壓抑。夜不成寐，憂思如醒，成為這時期其詩作的基調。《雜詩》二首、《善哉行》、《丹霞蔽日行》、《離居賦》、《永思賦》，這些詩賦中無不充滿感傷情調。即使代人言情之作，也寫得哀婉低回。那些被人拋棄的、喪偶的、離居的女人，都成了曹丕自我心情的代言者。

被棄感、失落感、委屈，齧噬著曹丕的肝腸。雖然曹操仍然按章辦事，並沒有剝奪他的權利，但是曹丕非常明瞭自己不是父親最鍾意的對象，他就像一個被丈夫冷落的正房。這不僅來自他的敏感，也與他的自我定位相關。他自認為是理所當然的繼承人，從理論上、從實際才幹上，他都應是最合適，也應是唯一的人選。偏偏他的父親是一個不按常規行事的人，偏偏又有人敢和他叫板。在建安十三年之前，曹操就揚言立曹沖為後，繼之曹植得寵，直到建安二十二年曹丕被立為太子，從十五六歲到三十出頭，曹丕內心承受的煎熬一併融入他成長中的生命，對他性格及觀念的影響至大。

經過立太子過程的刺激，曹丕的性格也有所改變，由細膩敏感變為忌刻、報復心重，最顯明的事例莫過於對曾經不支持他當太子的人進行瘋狂報復。與曹植交情甚好，且頗得曹操喜愛的丁儀丁廙兄弟，成為曹丕最先誅殺的對象。接著逐一被修理的有孔桂、楊俊等人。孔桂人品有問題，也許該殺，但楊俊之死完全是曹丕報私仇。唯一倖免的是邯鄲淳。即使不是因為太子之爭中站錯路線，只要得罪過曹丕的，都很難有好結果，曹洪若不是卞后竭力相救，險些被曹丕殺掉。當然，曹丕對有恩於己的人也是知恩必報，凡是在立太子過程對他有滴水之恩的人，他都盡可能以湧泉相報：賈詡被任命為太尉，桓階也得到提升，至於吳質，他的鐵哥兒，更是被寵得張狂跋扈。

　　早年的曹丕還比較單純，即使心量不大，氣質文弱，卻不至於陰險詭詐。據說曹操曾讓曹丕、曹植兄弟出城辦事，事先又吩咐守門人不可放任何人出門，以此考驗丕、植兄弟的才幹魄力。曹丕興沖沖去執行任務，遇到守門人擋駕，只好折回。又如勸曹操不要殺周不疑。漸至後來他變得不相信別人，只相信實際的利益；不相信世間的規則，只相信對他有用還是無用。他變得更加敏感，甚至缺乏自信，經不起打擊，更無法適應今天看來是正常的競爭。空洞的原則對他無用，他只相信自己的感覺，別人對他稍有好感，他也會心懷感激。這種心理狀態也影響到政治的運作，比如黃初二年八月，孫權來稱臣，當時侍中劉曄勸曹丕趁孫權現在處境不利，消滅他。曹丕卻因孫權願意俯首歸順，不僅沒有借機出擊，還拜孫權為吳王，並加九錫。劉曄以為不可，曹丕卻堅持己見，以至給自己留下後患。以主觀好惡取人，往往又取決於對方對他的態度，可憐的曹丕，他可能太需要別人對他好。曹植大概太瞭解乃兄的心理，為了保住自己後半生的性命，他努力讓自己低下去，以顯示乃兄的高度，從而達到保全自己的目的。

曹丕的政治素質經過爭立太子過程也有明顯提高，對權力的掌控也相當老道。其禪位後，除了明擺的報恩復仇之外，對一般善惡是非的褒貶獎懲，自有一套招數。請看他是怎麼收拾于禁的。原為曹操"五虎將"之一的于禁，在與關羽作戰中敗降。關羽後為孫權所殺，于禁又歸孫權。曹丕稱帝後，孫權向曹丕示好，歸還于禁。曹丕見于禁"鬚髮皓白，形容憔悴，泣涕頓首"，便撫慰一番，拜為安遠將軍，準備派遣他為赴吳使者，行前讓他到鄴城高陵拜謁，但事先卻讓人於陵屋畫于禁敗降關羽等圖像。于禁見後，"慚愧發病薨"。至如殺鮑勛，曹丕則是赤裸裸地一意孤行。當然，曹丕也旌表忠臣，明令表彰龐德的兒子。龐德同樣被關羽所俘，卻不降而死。這些做法是統治者不得不為的統治手段，提倡忠誠節義，懲戒叛國偷生，理所當然，可是怎麼看曹丕的做法，都帶著忌刻計較，缺少寬容。至於曹植，曹丕前期所經歷的心理折磨，他要讓後期的曹植一一承受。

　　不過立太子過程遇到挫折對於曹丕也是一種歷練，受挫感有助於抑制心理膨脹，保持清醒的頭腦。他一再告誡自己做個忍者，或在古史中尋找鑒誡，臥薪嚐膽：「志鑒戒也，君子不忘人鑒，不忘古鑒。」（《煌煌京洛行》）「持滿如不盈，有德者能卒。君子多苦心，所愁不但一。」（《善哉行》其一）在「升降焉可知」之時，他一定對自己的人生道路有過深入思考。在建安大背景下，「立德」、「立功」、「立言」是人生追求的至高目標，但是「立德」是內在的，「立功」需外在的助力。當「立功」變得渺茫，不可把握時，曹丕將注意力投向「立言」，其《典論‧論文》寫於這時期並非偶然。他要使自己真正具備最高統治者的眼界才幹，就要自我磨礪，汲取前人的經驗教訓，著眼於長遠。或許這正是曹操所要的效果？

　　曹操一生戎馬倥傯，南征北戰，其文學才能蓋世，但由其身份地位及所處的歷史階段所決定，他重在「立功"，最大的心願是結束漢末戰亂，安定天下。其詩歌所詠唱的多是亟欲建立功業的渴望，所謂"不戚年往，憂世不治"。曹植才高八斗，為"建安之傑"，但他一生對"立功"更充滿熱情，其《與楊德祖書》明言："戮力上國，流惠下民，建永世之業，流金石之功，豈徒以翰墨為勳績，辭賦為君子哉！"[14]即使曹丕不乏"立功"的志向，這也是建安時代士人的價值取向，其詩文中卻很少看到"立功"的表白。相比曹操與曹植，曹丕更重在"立言"，並憑藉其政治地位和權力，將"立言"付諸行動。歷任五官中郎將、太子及魏文帝的曹丕，在他的權力範圍給予文學以最隆崇的地位，也給文人最大的庇護和支持，讓建安文學達到"彬彬之盛"局面。曹丕為人性格及做法雖有被人詬病之處，但就其對建安文學的貢獻，厥功甚偉！

　　常說性格決定命運，其實命運也能造就性格。個性之形成因素往往是多元的，也是變化的；既是先天的，也是後天的。曹丕的人格具有多面性：儒雅的文人，風流倜儻的公子，能幹的五官中郎將，睚眥必報的復仇

---

14 《曹植集校注》，趙幼文校注，人民文學出版社，1984 年 6 月，
　　 P154。

者。他聰明狡黠，亦正亦邪；心思細密，近乎偏狹；生性風流，難免虛榮。其中有天賦資秉，更有後天環境造就的結果。由於自我感覺良好，後來的事態變化，對他的刺激尤為強烈，但他的內心深處一定有詩意蘊藉的柔軟，只是在現實權力鬥爭中，在皇冠炫目的光芒籠罩下，它們越來越稀薄，只在他午夜夢回的輕歎中偶爾一現。他所以能夠成為一代帝王，基於其優秀的素質和實力，但是他器量心胸之狹隘，又局限了他成為更有成就的統治者，甚至也限制了曹氏王朝的可持續發展。正如史家評曰："文帝天資文藻，下筆成章，博聞強識，才藝兼該；若加之曠大之度，勵以公平之誠，邁志存道，克廣德心，則古之賢主，何遠之有哉！"[15]

　　在"人的自覺"大背景下，曹氏父子作為"真正有辦法獲得名聲的社會群體的成員"，在"個體化"過程，皆以渴望不朽、追求榮譽，以實現自我價值為人生目標。在文人心態發展史上，這是比較特殊的一個群體，其出身、教養、地位、經歷及個性和精神氣質，對於個體行為具有決定作用，其眼界胸襟也有別於其他歷史階段普通的士子。猶如曹丕在"逆境"中有鬱悶、痛

15　《三國志·魏書·文帝紀》，P89。

苦，但不可能與當權者為敵，也不可能脫離這個集團，因為他就是統治集團的股東。他為自己找到的精神出路既不是沉湎於道家的境界，更不是回歸田園，而是視文學為不朽，著力"研精典籍，留意篇章"[16]，為自己及建安文學獲取千載的名聲。

　　曹丕視文學為"經國之大業，不朽之盛事"，在漢末以來彌漫著遷逝之悲的社會背景下，這是對人生短暫之真正有哲學價值的超越，生命不再為現實功名利祿的拘縛而得到昇華。在曹氏父子的羽翼下，這時期文人的作品較少受壓感、抑鬱或憂懼，而熱衷"立德"、"立功"、"立言"，且有時不我待的緊迫感——"建功不及時，鐘鼎何所銘？"（陳琳《詩》）他們與曹氏屬於同一陣營，即使有失意或怨艾，並不構成敵對矛盾。這一切都緣於政治與文學形成合力，而不是排斥力，權力不再抑壓士人的個性意志，甚或對之予以寬容和鼓勵。他們無須像其他士子一樣在"官場"沉浮，也無須向"田園"瞻望，文學家與政治家在共同的價值領域結盟，將目光投向更久遠的未來，尋求生命的永恆不朽。

---

16 卞蘭《贊述太子賦》，嚴可均《全三國文》卷三十，中華書局，1958 年 12 月，P1222。

阮　籍：夾縫中的飲者

　　燈下再讀《詠懷詩》，那一個個鉛字傳遞著一千七百多年前一個靈魂的哀號，破空而來，令人不忍卒聽，只能用心一寸寸迎向那顆顫抖的心靈，去理解那"淵邈"、"遙深"的話語形態包裹下整個時代痛苦的生命。

　　在阮籍之前，早有一個詩人的靈魂在嘶喊在探索，上天入地，痛不欲生，但是他的呼聲在濃重的夜幕裡漸漸減弱了，他的淚水化作數百年後東籬清秋裡的一杯濁酒。從屈原到陶淵明，中國詩人的心態發生何其大的變化。屈原"雖九死其猶未悔"，為堅守其理想信念，最終毅然赴死。陶淵明厭惡官場的污濁，不為五斗米折腰而向鄉里小兒，選擇了躬耕畎畝的生活方式。他們最終的出路，表面看去截然不同：一個投江，一個歸隱；一個以死殉國，一個獨善其身，但他們所面對的困惑，所懷抱的痛苦，本質上是一致的。明眼人不難看出其間兩人性格經歷及價值觀的差異，既受制於他們所處的時代，也決定他們的結局。從屈原而陶淵明，中國文人走過什麼樣的心路歷程，處在回歸中途和生存夾縫裡的阮籍，又經歷了什麼樣的心靈蛻變？

　　介於屈原和陶淵明之間的阮籍，其不幸在於他無法選擇，他既不能像屈子那樣一生固守自己的信念追求，哪怕這種堅守在後人看去覺得不值。屈原內心是痛苦的，但他比之阮籍未嘗不是幸運的，因為他有自己的人生理想，知道自己為什麼而活，為什麼而死，他所有的不幸及失敗都因這理想的存在而煥發光輝。阮籍的痛苦在於他無法確立或選擇什麼樣的理想信念。阮籍所處的時代，儒家所尊奉的道德綱常正在日漸鬆弛，舉足不知所往的阮籍彷徨於人生的歧路，茫然四顧，既不能像屈原那樣以死明志，也不可能一步走進陶淵明的田園，像陶氏那樣清醒地當個隱士，在村耕飲酒采菊中度日。與陶潛相比，阮籍更為不幸。面對污濁的現實，陶淵明尚可義無反顧地回歸田園，保身全真，安貧樂道，即使他深心並未完全"靜穆"，時露"金剛怒目"之容，但他的行為也在恪守著某種信念。

　　阮籍卻介於屈陶之間，他沒有可以為之獻身或為之守身的信念，亦即無"志"可明，他成了精神流浪者，他的靈魂一次次出遊，企圖尋找出路——沒有道路可以依循，他既無法奮進，又不能高蹈。赫然展露在面前的是空曠冷漠的世界，他孤獨地站立在滔滔風雲之中，任憑痛苦撕咬著心靈，因此他的聲音低沉而慘烈："胸中懷湯火，變化故相招"；"逼此良可惑，令我久躊躇"。可是沒有人知道他波濤激蕩的內心如何經受著痛苦的煎熬："感慨懷辛酸，怨毒常苦多"；"感物懷殷憂，悄悄令心悲"；"殷憂令志結，怵惕常若驚"；"終身履薄冰，誰知我心焦"。更沒有人理解他的彌天孤獨，即使他"願耕東皋陽"，又"誰與守其真"？即使他也想遠遊他方，絕塵而去，無奈"崇山有鳴鶴，豈可相追尋"？

　　阮籍（210—263）是"建安七子"之一阮瑀的兒子。據史書記載，他曾是一位"有濟世志"的青年，因"天下多故，名士少有全者"[1]，遂轉向消極，耽溺於酒與老莊之學。年輕的阮籍，其內心也曾充盈著建安時代

1　《晉書·阮籍傳》，中華書局，1974 年 11 月，P1360。

慷慨昂揚的進取精神，那個時代的英雄主義氣息曾深刻濡染著阮籍，滋育著他成長中的生命，以至當他登臨楚漢相爭的古戰場，慨然而歎："時無英雄，使豎子成名！"在其淒暗陰冷的詠懷詩裡，依然能讀到阮籍不曾泯滅的初衷："壯士何慷慨，志欲威八荒。驅車遠行役，受命念自忘。良弓挾烏號，明甲有精光。臨難不顧生，身死魂飛揚。"這位"忠為百世榮，義使令名彰"的"壯士"令阮籍何等崇敬和羨慕，然而阮籍所生逢的時代根本無法讓他實現"彎弓掛扶桑，長劍倚天外"的夢想。

魏晉易代之際是政治殘殺極為慘酷的時期，司馬氏為翦除異己，大開殺戒。嘉平元年（249），司馬懿殺曹爽，何晏、李勝、丁謐、鄧颺、畢軌、桓範等同時被戮；嘉平六年（254），司馬師廢齊王芳，殺夏侯玄、李豐等人；景元元年（260），司馬昭弒高貴鄉公。三年後，嵇康被害。此時的政治舞臺已不是志士仁人施展抱負的疆場，儒家宣導的忠義已無實際價值或意義可言，原來的道德信念正在刀光血影中動搖。在現實面前，阮籍惶惑不安，繼之逃向酒、山水與老莊。

阮籍所面對的又何止是疊相而來的政治殘殺。自漢末以來，戰爭、災疫已吞沒多少無辜的生命，沒有信念可以支撐的靈魂，直面以對的是一個無邊無際的宇宙時空和無窮盡的血腥殺伐。生命之無根感、幻滅感前所未有地襲擊著這時期每一顆敏感多思的心靈，沒有一種學說此時可以完全讓人忽略人生無常的事實，即使現實危亂迫使人們不得不對生命存在的本質進行沉思。建安時代的文人，以他們特殊的身份地位，懷抱在有限人生建立一番功業的雄心，然而建安文人只是轉瞬即逝的幸運者。便是曹魏政權的來歷，又何嘗不是你爭我奪，甚至骨肉相殘。由曹魏而司馬氏，政權更替之際，驚心動魄的政治殘殺也在一幕幕地展開。生命急速消亡得令人驚愕，朝膺軒冕，夕遭滅頂，尊卑貴賤之間無非一紙之隔。死亡改變了一切。在政治予奪面前，沒有道德操守，沒有人格尊嚴，沒有是非曲直，權位在誰那裡誰就擁有真理，生命成了陰謀家晚宴上的犧牲。

　　阮籍的痛苦正是來自現實與理想、生與死的雙重矛盾與困惑。與所有受儒家傳統思想沾溉的文人一樣，阮籍的人生觀價值觀本是積極進取的，但是他恰逢儒家思想衰微而人的自覺意識開始覺醒的時代，殘酷的政治鬥爭使人無法急速調整個人在現實政治中的錯位，而新觀念又一時無法確立。唯有無常的人生世相赫然展露面前，現實憂患使生命無法承受自身之重，從而由理想的幻滅和對現實的憂懼變為對整個人生的絕望。阮籍之前並非沒有死亡，那時人們之所以無懼於死，乃因還有比死更為崇高的信念值得堅守。阮籍時代，這種足以等閒死生的信念已在崩頹，死亡的威懾恐懼空前而至。任何抽象的學說或世俗的歡樂都無法抵禦來自死神的威逼，世界裸露得只剩下一片荒原："出門臨永路，不見行車馬。登高望九州，悠悠分曠野"；"開軒臨四野，登高望所思。丘墓蔽山岡，千秋同一時"；"天階路殊絕，雲漢邈無梁"。阮籍站立在這個荒野之中，懷揣著曠古的孤獨和迷惘，他長嘯悲號，愴然而歌，卻沒有迴響；他駕著車馬在天地間狂奔，可是走投無路。

阮籍的悲哀當是雙重的：生命的無常與精神的虛無。

死亡之再被確認，只有當它被視為靈魂的回歸而非僅是生命的終結或道德獻身。然而阮籍的苦痛不可消除，那原本為道德意識所催眠的靈魂已經迷失，找不到歸宿。死亡對於阮籍而言，絕非僅是哲學意義上的抽象名詞，而是鏤骨銘心的體悟。他的父親阮瑀辭世時，阮籍年僅三歲。阮瑀雖為建安七子之一，他的詩作卻幾無"慷慨之音"，對死亡的思考憂慮遍佈其字裡行間。這

是一個對死亡極度敏感的詩人，仿佛他的生命一直不曾
擺脫死亡的陰翳。阮籍秉承了乃父的氣質：憂鬱感傷，
以及對死亡的深切感悟，何況魏晉之際接連不斷的屠
殺，無不在牽扯著阮籍繃緊的神經。

　　死亡始終被視作哲學思考的起點。曾懷"濟世志"
的阮籍不得不開始思索生命存在的意義與價值，試圖在
老莊學說裡尋找靈魂的棲身之地。可是人生之虛空、生
命之脆弱是如此真切地展現在人們眼前，個體生命無不
處在危機四伏、險象叢生的威脅之中。正如儒家的道德
倫常無法維繫危殆的人心一樣，道家體道悟玄的超然之
樂又怎能驅遣無處不在的死亡陰影？相反，道家哲學所
開拓的廣闊思維空間和洞穿世情的睿智，只能帶給人們
對危亂現實的更深憂慮，那是深入哲學底部的致命哀
慟，人生的底面仿佛被徹底地翻轉、揭穿了。藉助道家
的慧眼，人們更加清楚地看到生命自身無可奈何的處
境。道家飄逸灑脫的風神氣韻實難載動阮籍過於沉重
的心靈，只是作為阮籍之生命缺憾的一種心理安撫。

　　建安時代慷慨豪邁的聲音猶在耳際，英雄們可歌可
泣的功業依然迴響在心頭，遺憾的是歷史似乎只喜歡重
演悲劇而非喜劇，阮籍不得不生活在他所不願身歷的時

空之中，他不得不活著，每分每秒打發著時光。儘管他有長生的幻想，也想獲得體道之樂，希望像鳳凰鴻鵠大鵬一樣高飛遠舉，然而精神困惑和死亡威脅如影隨形，他無處可躲。即使他不時也自我寬解：「貴賤在天命，窮達在一時」；「窮達自有常，得失又何求」，終究他只能幽然深歎：「有悲則有情，無悲亦無思。苟非嬰網罟，何必萬里畿？翔風拂重霄，慶雲招所晞。灰心寄枯宅，曷顧人間姿。始得忘我難，焉知嘿自遺？」在現實中無所適從的阮籍，「忘我」很難，一死了之更難。他所受的傳統教育、根深蒂固的道德意識，使他不可能斷然自毀「受之父母」的形軀。更有甚者，他不知為誰而死，眼前既無可「忠」之君，也無可報之「國」，更沒有一個信念值得他為之獻身。他竟至無法選擇死！他只能越過死，去迎接比死更為痛苦的生。

顯然生也不是他所能選擇。眼看著曹魏江山即將坍塌，司馬氏集團如狼似虎，強取豪奪，正義已被踐踏，仕途更無出路。除非他願意出賣良心，甘當司馬氏的走狗，像賈充、何曾那樣活著。他無從選擇：一邊是行將滅亡的舊王朝，沒有足夠的力量讓他依靠；一邊是虎視眈眈的新勢力，一路殺伐，氣焰熏天。他生活在時代的夾縫之中，他最終只能逃向酒，藉酒佯狂──"以狂自晦"[2]。在酒所釀造的世界裡，他找到一個介於生與死之間的最佳狀態──醉。在現實中他既不能做自己想做的事，也不能不做自己不想做的事，惟有在酒的沉醉中忘卻痛楚。酒也成為他最好的包裝，逃避禍難。借助酒的效力，他把自己扮成"瘋子"，佯狂以示反抗。所以他敢於用"青白眼"；敢於濫醉六十日，不與司馬氏通婚；敢於為不相識的少女送葬；敢於與歸寧的嫂子直面作別；敢於醉臥鄰家美婦身旁；敢於在母親喪禮上大啖酒肉……。

　　阮籍的目的不在以血肉之軀以噬鋒刃，那種結局太直接也太壯烈，不是阮籍所能為，他只能委曲求全。然而這決不是他理想的選擇，他的可悲在於他無法選擇。阮籍的"生"因此觸目驚心，那是比"死"還痛苦的"生"。阮籍最深潛的悲哀是他不知為誰而生，為誰而死，生死兩茫茫，他只能為自己而"醉"。即使他多麼希望像鳳凰那樣，"清朝飲醴泉，日夕棲山岡。高鳴徹九州，延頸望八荒"；羨慕鴻鵠大鵬，臨風萬里，餐琅

2 張溥《漢魏六朝百三家集（二）‧晉郭景純集題詞》，上海古籍出版社，1994 年 8 月，P1413-538。

玕、宿丹山，抗身青雲，掙脫網羅——但是它們的命運終究無法逃脫被商風摧殘，以至不如棲於桑榆的鸞鳩。阮籍只能以"詠懷"為詩，長歌當哭，傾吐其心底無法言說的悲涼。

阮籍提攜著自身的靈魂，四顧茫然，無家可歸——直至這一迷惘孤寂的場面被陶淵明一聲"歸去來兮"戛然改變。一個多世紀後，陶淵明以東籬怒放的秋菊，迎接阮籍歸來的靈魂。阮籍在陶令的茅屋舔舐傷痛，他已不再長嘯，也不再狂歌，他晦暗陰冷的詩句已變得靜穆平淡，他的目光不再猶疑，也不再惶惑，漠視世俗的所有榮辱悲歡而飄然遠引。

嵇　康：龍性誰能馴

　　千百年後，在無數個長夜孤燈下，我在斑黃的史卷中時時追尋嵇康的遺蹤，捕捉他冷峭的笑聲，尋思他睿智的見解，一遍遍勾畫著歷史記載中嵇康的形象。他究竟用什麼打動了後人？他的飄灑風儀？他那語驚四座的高論？是他鏗然有聲的勁骨，還是他依然不曾冷卻的衷腸？我無法辨識，只能默默地回溯時空之流，聆聽他的琴聲"狀若崇山，又象流波，浩兮湯湯，鬱兮峨峨"，"忽飄搖以輕邁，乍留聯而扶疏。參譚繁促，複疊攢仄。從橫駱驛，奔遁相逼"[1]。追隨他偉岸的身影，在峰巒松竹之間。

1　嵇康《琴賦》，見《文選》卷一八（上冊），中華書局，1977 年
　　11 月，P257、258。

　　嵇康（224—263）[2]，安徽人。據說其祖先原姓奚，會稽上虞人，因避鄉人之怨，徙至譙國銍。由於銍有嵇山，康家居於其側，故以嵇為姓氏。另有人認為嵇氏乃夏少康之後[3]。與嵇康生活於同一個時代的阮籍、山濤、向秀、劉伶、阮咸，加上年齡最小後來又入晉當大官的王戎，並有"竹林七賢"之稱。七人之中，每人性格面目各不相同，政治立場也不甚一致，仕途榮枯窮達也有差別。至於結局，其他幾人無甚大異，惟嵇康一人不得善終。似乎也只有嵇康一人留給後人更多的惋惜，正如阮籍留給後人更多的是猜想，因為嵇康很美。《世說新語‧容止》曰："嵇康身長七尺八寸，風姿特秀。見者歎曰：'蕭蕭肅肅，爽朗清舉。'或云：'肅肅如松下風，高而徐引'。山公曰：'嵇叔夜之為人也，巖巖若孤松之獨立；其醉也，傀俄若玉山之將崩'。"[4]《晉書‧嵇康傳》亦稱："康早孤，有奇才，遠邁不群。身長七尺八寸，美詞氣，有風儀，而土木形骸，不自藻飾，人

---

2 另說其生卒年是 223—262。

3 見何啟民《竹林七賢研究》，臺灣商務印書館，1966 年 3 月，P60-62。

4 見徐震堮《世說新語校箋》，中華書局，1984 年 4 月，P335。

以為龍章鳳姿，天質自然。"[5]

　　嵇康不僅容貌俊偉，其為人"恬靜寡欲，含垢匿瑕，寬簡有大量。學不師受，博覽無不該通，長好《老》《莊》。與魏宗室婚，拜中散大夫。常修養性服食之事，彈琴詠詩，自足於懷"[6]。嵇康也自稱，因幼時喪父，母兄"有慈無威"，對他頗為寵溺，且"不訓不師"，養成其自由疏放的個性，"又縱逸來久，情意傲散，簡與禮相背，懶與慢相成"[7]。年長後又接觸老莊學說，向慕自然之學，所謂"爰及冠帶，憑寵自放。抗心希古，任其所尚。托好老莊，賤物貴身。志在守樸，養素全真"[8]。王戎曾說"與嵇康居二十年，未曾見其喜慍之色"[9]，此話不少人以為不可信，認為不似嵇康做派。其實無"喜慍之色"不排除對當時政治環境的考慮，猶如阮籍"口不臧否"，但"心存涇渭"。不過嵇康確實還有另一面，即"婞直"、"性烈"，或許這才是他的本性。他也說自

---

5 《晉書・嵇康傳》，中華書局，1974 年 11 月，P1369。
6 同上。
7 《與山巨源絕交書》，《文選》卷四三（中冊），P601。
8 嵇康《幽憤詩》，逯欽立輯校《先秦漢魏晉南北朝詩》（上），
　中華書局，1983 年 9 月，P481。
9 　《世說新語・德行》，徐震堮《世說新語校箋》，P10。

己"剛腸疾惡,輕肆直言,遇事便發","直性狹中,多所不堪","又讀莊老,重增其放"[10]。"阮嗣宗口不論人過,吾每師之,而未能及","吾不如嗣宗之賢,而有慢弛之闕,又不識人情,闇於機宜,無萬石之慎,而有好盡之累"。或許在正常情況下,他是恬靜平和的,"性不傷物"。但嵇康的自由意志極為強烈,遇到醜惡或不平之事,其剛烈的秉性就會顯露,亦即"遇事便發","多所不堪"。嵇康表現出來的既超塵絕俗也憤世嫉俗,襟懷高遠卻血氣熾熱,風神飄灑亦嫉惡如仇,有人認為這是嵇康性格矛盾所致,其實未必如此。

嵇康生活於三國魏末,無論王朝統治還是思想領域這時都面臨著一個歷史性的轉折,嵇康的命運不得不受制於現實環境。嵇康青年時期正是曹魏正始年間(240—249),這時司馬氏集團正在加緊篡奪曹魏政權,一路大開殺戒。先是高平陵事件司馬懿殺曹爽等人且滅其三族,接下來王陵、李豐、夏侯玄、毌丘儉、諸葛誕等人相繼因謀反而被司馬氏誅滅。甘露五年(260),高貴鄉公曹髦不堪司馬氏專權而奮起反抗,竟慘遭殺害。從正始到甘露,司馬氏向曹魏奪權過程充滿血腥之氣,如史

10 《與山巨源絕交書》,《文選》卷四三(中冊),P601。

家所言：“魏晉之際，天下多故，名士少有全者。”[11]大概在正始中期，嵇康娶曹操兒子沛王曹林的女兒，即長樂亭公主為妻，並任中散大夫，世稱“嵇中散”。作為魏宗室，嵇康顯然無法漠視血淋淋的現實，其性格中“婞直”、“剛腸疾惡”的一面必然呈露。

　　正始年間也是玄學產生之時，出現一批玄學造詣極高的青年才俊，嵇康也是其中之一。在玄學思想背景下，嵇康理論思辨的天賦得以充分展現，撰寫了《養生論》、《聲無哀樂論》、《明膽論》等論文，在當時享有相當高的聲譽。嵇康的自由意志與因任自然的道家學說一拍即合，形成其崇尚自然的生命哲學。不同於阮籍，道家思想已成為嵇康的處世信念，阮籍則處在歷史和思想交變的夾縫中而不知所往，阮籍的思想更多儒家的成分，所以他面對儒學衰微的現實深感痛苦而找不到出路。如果說阮籍是上承，嵇康則是下啟，道玄思想對於嵇康來說不僅是精神慰藉，而是其哲學思想的重要構成部分。只不過在當下他還不能做到完全遺世逍遙，一是他不能容忍司馬氏的行徑，二是作為魏宗室他覺得自己有責任表明自己的態度和立場。若在正常的社會裡，嵇康的生

11　見《晉書‧阮籍傳》。

活應該是自由而有尊嚴，可是在魏晉易代之際的恐怖環境中，他無法完全自主命運，其率性任真的脾性，容忍不了世俗之偽，不僅不能容忍禮教之虛偽，也不能不袒露真誠。雖然他無"喜慍之色"，但是他的愛憎臧否還是見於言行。

　　名教與自然的關係當時是玄學家所關注的問題。在現實政治中，司馬氏集團提倡名教，以"孝"治天下，實際所為又完全有悖原始儒學精神，正如魯迅先生所指出，當時提倡名教的都是反名教，或破壞名教的。崇尚道家自然哲學的嵇康，看不慣司馬氏之兇殘和他們所提倡的虛偽禮教，公然宣稱："每非湯武而薄周孔"，"越名教而任自然"，"不學未必為長夜，六經未必為太陽。"山濤推薦他出來為司馬氏做官，他竟然寫"絕交書"以拒之。他還當面奚落司馬昭的心腹鍾會。那一次，嵇康與向秀"共鍛於大樹之下，以自贍給"，鍾會領著一班人馬前呼後擁而至，嵇、向二人依然揮臂鍛鐵不輟。僵冷的局面令鍾會大失所望，不知所措。這時冷冷砭骨的譏誚響了，嵇康眼皮不抬地問道："何所聞而來，何所見而去？"　鍾會答曰："聞所聞而來，見所見而去。"然後在嵇康的鍛鐵聲中悻悻然絕塵而去。嵇康因此為鍾會所銜恨，最後為其所害。

　　嵇康的憤激之言穿過塵封的歲月，令人動魄驚心。也許他最初並非有意與政治為敵，他也曾思考過選擇什麼樣的生存方式，走什麼樣的人生道路。在《卜疑》這篇騷體文中，他以"弘達先生"的名義向"貞父"提出十四個對立的問題，諸如究竟是誠懇表達自己的思想，在朝廷上直言不諱，不屈從於權貴，還是唯唯諾諾，附和旨意，面上相從？究竟是堅持正義，守正不阿，指斥奸佞，還是圓滑處世，以智術明哲保身？從這些問題之對立關係中，可見嵇康已有自己的價值判斷標準，已知道作何選擇，只不過借此針砭時弊，或表示對卑劣行徑的鄙視，或發洩對現狀的不滿。事實上他已有自己的人生願景："今但願守陋巷，教養子孫，時與親舊敘闊，陳說平生。濁酒一壺，彈琴一曲，志願畢矣。"[12]他嚮往的是自由自在、恬靜祥和、與世無爭的生活，所謂"榮名穢人身，高位多災患。未若捐外累，肆志養浩然"[13]。他也努力在道的境界中安頓自己的心靈，滌情蕩欲，服食養生，"游心於寂寞，以無為為貴"。在險惡的現實

12　《與山巨源絕交書》，《文選》卷四三（中冊），P603。
13　《與阮德如詩》，見逯欽立《先秦漢魏晉南北朝詩》（上），P487。

環境中，他的心已馳往自然之境：“輕車迅邁，息彼長林。春木載榮，布葉垂陰。習習谷風，吹我素琴。交交黃鳥，顧儔弄音”，“流磻平泉，垂綸長川”，“俯仰自得，游心太玄”。他甚至已道出陶淵明的心聲：“身貴名賤，榮辱何在。貴得肆志，縱心無悔。”[14]但他是那麼孤獨：“旨酒盈樽，莫與交歡；鳴琴在御，誰與鼓彈。”[15]他只能幻想遠離現實，遊歷仙境，釋放內心的苦悶：“乘風高逝，遠登靈丘。託好松喬，攜手俱遊。朝發太華，夕宿神州。彈琴詠詩，聊以忘憂”[16]，嚮往“采薇山阿，散髮岩岫”之悠然自在的生活。他那“目送歸鴻，手揮五弦”的風神，穿越千載依然動人心旌。

秸康雖有高遠的襟懷，但是其張揚個性自由的強烈願望和酣恣蓬勃的生命力，對於醜惡的現實，他難免要起而反擊，以清高對抗污濁。史書說秸康“龍章鳳姿”，絕非僅指其外表形貌之出眾，而是包括他的整個風神氣度，那是涵蘊著生命精華的逼人光芒，一種區別於凡庸濁陋卑微，超越了世俗功名利祿而橫溢的神韻。這是一

---

14 《贈兄秀才入軍詩》其十八
15 《贈兄秀才入軍詩》其十五
16 《贈兄秀才入軍詩》其十六

種“龍”的精神，也是一種“貴族精神”。嵇康一生短暫而燦爛，說他是曇花一現，或彗星般一閃而滅，似乎都不足以呈示其生命獨有的形態，只有一種非實非虛、若有若無、縱橫於人間天上的存在物，差可擬其仿佛，那就是“龍”。“蛟龍豈是池中物”[17]。龍這一形象蘊含著人類極為豐富的精神憧憬，它既是祥瑞事物的最高代表，更是某種不可企及的境界之象徵。在中國人的思維裡，龍代表著超凡、力量和高貴，它在人間往往代表著帝王，它是自由強大的宇宙精靈。龍的形象也具有動靜顯隱之兩面，它既可以騰飛於高天，也能潛藏於深淵。或許因此，嵇康整個人格精神被前人對應為“龍”的形象。顏延之《五君詠·嵇中散》就說嵇康：“鸞翮有時鎩，龍性誰能馴？”鍾會向司馬昭進讒時也說：“嵇康，臥龍也，不可起。公無憂天下，顧以康為慮耳。”[18]這種“龍性”在嵇康身上具現為個性桀傲不遜，人格傲岸不羈，以及超塵脫俗的志趣懷抱。

嵇康生肖正巧屬龍。龍性難馴的嵇康雖非名門

---

17 〔金〕元好問《壬辰十二月車駕東狩後即事》（五首之四），《元遺山詩集箋注》卷八，人民文學出版社，1958 年 10 月，P385。
18 《晉書·嵇康傳》，P1373。

出身，但與他所秉承的龍性一樣，他的身上也具備貴族
精神。這裡所說的"貴族"不是指一種身份或地位，而
是指一種精神。這種"貴族精神"根植於主體生命對宇
宙、自然的感悟洞察，由其人格力量所驅動而散射出的
無窮魅力。嵇康一生的悲劇及輝煌，都源於他與生俱來
的孤標不群的氣質資秉，以及受原始儒道兩家未被歪曲
的思想霑溉所形成的高貴人格。儒家志向高遠，使命感
深沉；道家傲睨塵寰，遺世獨立，他們都有崇高的精神
追求，千百年來民族精英的人格建構，無不體現著這種
精神追求。

　　然而奉老莊為師、口不論人過的嵇康還是遭到迫
害，他既不是死於政權內部的權力之爭，更不是競進不
已、不甘寂寞而被殺。其死因不可謂不奇。正史本傳對
此沒有明文記載，倒是干寶《晉紀》、孫盛《晉陽秋》，
及《文士傳》、《魏氏春秋》等處提到此事。《文選》
中《思舊賦》李善注引干寶《晉書》道：嵇康朋友呂安
"與阮籍、山濤及兄巽友善。康有潛遁之志，不能被褐
懷寶，矜才而上人。安，巽庶弟，俊才，妻美，巽使婦
人醉而幸之，醜惡發露。巽病之，告安謗己。巽於鍾會
有寵，太祖遂徙安邊郡，遺書與康，昔季叟入秦，及關

而歎云云。太祖惡之，追收下獄。康理之，俱死。”[19]一向清高，也不無謹慎的嵇康只因重朋友之情，替朋友說話，竟至引禍上身。然而，真正置嵇康於死地的是他目下無塵，得罪了“乘肥衣輕，賓從如雲”的鍾會，於是在呂安事件上，鍾會公報私仇，加害嵇康。“呂安罹事，康詣獄以明之。鍾會庭論康曰：‘今皇道開明，四海風靡，邊鄙無詭隨之民，街巷無異口之議。而康上不臣天子，下不事王侯；輕時傲世，不為物用；無益於今，有敗於俗。昔太公誅華士，孔子戮少正卯，以其負才亂群惑眾也。今不誅嵇康，無以清潔王道。’於是錄康閉獄。”[20]鍾會所言道出嵇康之死的真正原因：一、不臣天子，不事王侯，輕時傲世；二、負才亂群惑眾，有敗於俗。鍾會果然點出要害，不當司馬氏的官，乃“不臣天子”；不奔走於司馬氏之門，乃“不事王侯”；對鍾會不理不睬，乃“輕時傲世”。嵇康被捕下獄之後，三千太學生為之請命，豈不是“亂群惑眾”？何況嵇康還是曹魏宗室。嵇康自然在劫難逃。他的無言不爭，無喜

---

19 《文選》卷一六（上冊），P229。

20 《世說新語・雅量》注引《文士傳》，見徐震堮《世說新語校箋》，　P195。

慍之色並不能掩蔽其桀驁不遜的"龍"性,其天資特秀、龍章鳳姿本來就難以和光同塵。讓嵇康俯首低眉,同流合污,又豈是嵇康所能為?如孫登所說:嵇康"性烈而才儁,其能免乎?"[21]

　　史家以最濃重的筆墨記下嵇康生命的最後時刻,嵇康的人格魅力至此也展現到極致:"康將刑東市,太學生三千人請以為師,弗許。康顧視日影,索琴彈之,曰:'昔袁孝尼嘗從吾學《廣陵散》,吾每靳固之,《廣陵散》於今絕矣!'時年四十。海內之士,莫不痛之。"[22]

　　那是一個驚魂攝魄、感天動地的"死":日光將午,天地沉寂,風蹤停留在樹梢,斂翅屏息。大千世界中一切呼吸都凝固了,在最後的剎那,唯有一注宇宙生命之泉自無極奔湧而至,撞擊著琴弦,召喚回歸。弦聲響起之際,千萬道光束轟然迸射,所有再生的靈魂頓時掙破死之靜寂,狂歌起舞。驚風急雨捶擊著大地,獨有孤傲的精魂高揚著,飛向那漫漫天宇,釋放一切生之憂患和死之恐懼……

21　《三國志‧魏書‧王衛二劉傅傳》注引《康別傳》,中華書局,
　　1982 年 7 月二版,P606。
22　《晉書‧嵇康傳》,P1374。

　　嵇康最終如飛龍一般騰空而逝。緊接嵇康之後，忍痛求生的阮籍為司馬氏作“勸進表”，最後撒手人寰；“七賢”中與嵇康聲氣相投的向秀也屈己做了司馬氏的官；山濤更是早早在司馬氏陣營中找到自己的位子；以晉代魏的定局使王戎顯然無須做第二種選擇。正所謂“蟣虱空悲地上臣”。抗爭最烈的嵇康死了，士人的獨立人格動搖，自由精神淪落，崇高的濟世理想已被褻瀆。

　　在文學史和精神史上，嵇康之死，當是促使文人心態發生變化的重要一環。嵇康在中古文人精神史上的意義在於：一、向來為士人所看重的自我實現已不是最高的人生目標，自我精神的獨立解放才是唯一的價值，內足於心，不求於外。隨著玄學影響力加大，士人的價值觀在急劇發生變化，個人的精神自由遠在事功建樹之上。二、掙脫政治和思想的夾縫，逐漸邁向自由之境，尋求“積極的自由”。誠然，嵇康還不能做到完全超脫，但與阮籍相比，他有明確的人生目標和價值取向。嵇康不像阮籍那樣彷徨苦悶，他在抗爭的同時也在高蹈──以示抗爭。如果說阮籍因不知出路何在而痛苦，嵇康則知道自己所需，且不想尋找退路，因此他也更坦然地面對一切。他已然放棄歷來士人所不能割捨的

“濟世志”，試圖高蹈出世，只是其身上還有儒家面向現實的熱情，還有濃烈的“血性”，這使他在務虛尚玄、遊仙求道的同時，尚不能忘懷世事。即使他試圖韜光隱晦，發言玄遠，卻無法抑制其憤激之情。嵇康死後，士人的血性雖不曾完全喪失，但已隱匿甚或稀釋。不過嵇康的犧牲並非徒然，其身上強烈的自由意志像一道光，將照亮暗夜。

魏晉易代之際，腥風血雨驚醒王道仁政的千年幻夢，冷卻了志士仁人報國建功的熱望。人生的價值追求由外放轉向內斂，士人的地位也逐漸退居邊緣。屈原式的堅定不移意志已被隨遇而安的人生哲學所代替，這一時代巨變根源於儒家獨尊地位動搖，道玄思想盛行，倫理綱常不再扼制人們嚮往自由的天性。然而從屈原到陶淵明，這一過程貫穿著無數生與死的廝殺和心靈的扭曲裂變。從沅湘之濱到柴桑茅舍，血淚斑駁的路面，有奮進者的足跡，有犧牲者的屍骨，有遁世者悠悠遠去的跫音和不絕如縷的慨歎。

抗爭激烈的嵇康被消滅了，遺俗獨立的嵇康則踏上歸途。雖然嵇康希望歸隱或閒居的意願未能實現，但他已在修養身心，準備向陶淵明所在的方向啟程，如其所說：“故世之難得者，非財也，非榮也，患意之不足耳。
意足者，雖耦耕甽畝，被褐啜菽，豈不自得。”[23]何謂
“意足”？也就是心意知足，順從本心，一百多年後陶
淵明就是如此安頓自己的人生。與嵇康相比，陶淵明未
嘗不是幸運的，嵇康則生不逢時，其雖有退隱之意，卻
沒有退隱的條件，包括其剛腸疾惡的秉性及其身份認
定，都不可能讓他棄現實而去，正因如此，嵇康方成為
嵇康。向慕自然的嵇康，他的精神已在回歸，並以他的
人格魅力吸引著後來者走向廣闊的山水田園。嵇康之
死，加速了士人在這條道路上的行進步伐。當然，在到
達自由天地之前還會有人付出生命代價，其中有殉道
者，也有執迷不悟者，還有一些野心家。

---

23 《答向子期難養生論》，嚴可均《全三國文》卷四十八，中華書
　　局，1958 年 12 月，P1325。

潘　岳：悲情美男

　　單從美的毀滅是一種悲劇而言，美男子潘岳之橫死就是一出莫大的悲劇。

　　據說潘岳年輕時在洛陽街道上行走，引來許多圍觀者，尤其是婦女。這些欣賞潘岳美貌風姿的人們紛紛向潘岳乘坐的車內拋擲花果，以示他們對潘岳的傾慕，潘岳每次驅車出行，回來時總是"擲果盈車"。姿容美麗的潘岳顯然為此頗感自豪。他還喜歡與另一位公認的美男子夏侯湛同遊並行，被時人稱作"雙璧"。在盛產美男子的魏晉時期，潘岳的美名無疑是最盛的，以至潘岳的別名"潘安"後來成為"美男子"的代稱。

　　潘岳還是一個多情的丈夫，他的代表作《悼亡詩》即是表達他對亡妻的思念，伉儷情深，讀來令人潸然。潘岳一生經歷眾多的死別生離之哀，妻亡子夭，親友師長皆相繼先潘岳而去，其詩文為此佈滿人生無常的深深感歎，“善為哀誄之辭”也成為潘岳文章的特點之一。

　　然而歷史上的潘岳還有另一個面目，即“性輕躁，趨勢利”。據史書記載，潘岳與石崇皆諂事賈謐，潘岳“每候其出，與崇輒望塵而拜”[1]，而且潘岳還為賈謐一黨“構愍懷之文”。潘岳的這些“穢行”顯然不為正統的道德準則所認同，後人對潘岳身上如此巨大的反差也深感不解，元好問就說：“高情千古《閒居賦》，爭信安仁拜路塵？”《閒居賦》是潘岳的一篇著名賦作，格調不俗。史書說潘岳因“仕宦不達，乃作《閒居賦》”。潘岳在賦中對自己仕宦經歷予以回顧總結，表示希望過上逍遙自得的隱居生活，然而現實中的潘岳並沒有真正歸隱，而是“仕宦情重”[2]，最後死於非命。故張溥歎曰：“余深為彼美惜焉。”

　　潘岳（247—300），滎陽中牟（今屬河南）人。據唐人編寫的《晉書》本傳所言，潘岳從小以“才穎見稱，鄉邑號為奇童，謂終、賈之儔也”[3]。後來他出任河陽縣

---

1 《晉書・潘岳傳》，中華書局，1974 年 11 月，P1504。

2 張溥《漢魏六朝百三家集（二）・晉潘岳集題詞》，上海古籍出版社，1994 年 8 月，P1413-275。

3 《晉書・潘岳傳》，P1500。

令和懷縣令，"頻宰二邑，勤於政績"。在懷縣令任上，當時客棧管理存在不少問題，人們以"逆旅"的設置乃"逐末廢農"，造成藏汙納垢、"敗亂法度"的後果，認為應當廢除。潘岳作書上議發表自己的看法，指出逆旅的設置有利於商賈往來，主張應對客棧管理加以整頓，而不是因噎廢食。潘岳的見解與傳統的重農輕商思想有所不同，應該說其眼光有獨到之處。

潘岳似乎也不是沒有是非之人，他對品行不端的人極為鄙視。其父潘芘為琅邪內史時，孫秀為潘岳的小史。潘岳厭惡孫秀為人卑瑣邪惡，時常毆打侮辱他，以至為孫秀所銜忿。對那些出身貧賤而有才藝的人，潘岳卻甚為賞愛。當潘岳任河陽令時，見"譙人公孫宏少孤貧。……善鼓琴，頗能屬文"，潘岳"愛其才藝，待之甚厚"。楊峻被殺之後，同黨連坐，潘岳因曾任楊峻主簿，該當從坐，幸蒙當時已任楚王瑋長史的公孫宏相救，得免一死。

從史書言之鑿鑿的這些記載來看，潘岳似乎不是一個品行卑劣之人，甚至不乏政治才幹。但史書所謂"性輕躁，趨世利"，又是從何說起？潘岳母親亦數誚潘岳"爾當知足，而幹沒不已乎"。細檢史籍所載，潘岳為人所不齒之事全由“諂事賈謐”而來，也就是說，潘岳一生之所以落下不好的名聲皆與賈謐直接相關，與西晉的政治有關。

　　西晉統治者司馬氏靠欺負孤兒寡母、翦殺異己，建立其政權。西晉代魏之後，經過短暫的和平時期，便將整個江山放在一個白癡皇帝的肩上。昏庸的皇帝往往造就一個野心勃勃的皇后，晉惠帝皇后賈南風由此權傾一時。一些胸有大志的權臣也像當年的司馬懿一樣逐漸培植自己的勢力，司馬氏宗親更是對王位虎視眈眈，從此西晉開始長達十六年的內亂，即“賈后八王之亂”。西晉之內亂及晉惠帝皇后賈南風的胡作非為雖無任何正義可言，但西晉最高統治者也不是什麼賢明之君，西晉政權之腐朽及其所存在的根本危機，無乃顯而易見。

　　賈謐乃西晉權臣賈充的外孫，賈南風妹妹賈午的兒子，他本姓“韓”，因賈充沒有兒子，故改姓“賈”以繼其嗣。《晉書》本傳稱：“賈后專恣，（賈）謐權過人主，至乃鏁繫黃門侍郎，其為威福如此。負其驕寵，奢侈踰度，室宇崇僭，器服珍麗，歌僮舞女，選極一時。開閣延賓，海內輻輳，貴游豪戚及浮競之徒，莫不盡禮事之。或著文章稱美謐，以方賈誼。"[4]當時從賈謐遊者，除了潘岳、石崇之外，著名者還有陸機、陸雲兄弟，及歐陽建、左思、劉琨、牽秀等二十三人，與謐合稱"二十四友"。從《晉書》賈后等人的傳記中，我們不難看到當時賈氏一家之勢焰熏天。賈謐借賈充、賈后之勢，權傾人主，生活上極盡奢華。這本是封建社會的政治體制帶來的必然後果，所謂"一人得道，雞犬升天"，在中國歷史上見怪不怪。而且西晉朝野上下奢侈成風，像石崇、王愷鬥富；王濟以人乳餵養的小豬招待晉武帝，致令晉武帝自歎不如，罷宴而去；何曾單是伙食開銷就日廢萬錢，吃飯時卻抱歉"無下箸處"。以賈謐當時的地位論，完全比石崇、王愷、王濟、何曾他們更有條件擺闊，但是在《晉書》之外，《世說新語》等處也沒有關於賈謐這方面過激行為的記載。賈謐所以能讓陸機等人折服，除了權勢帶來的吸引力而外，必定還有其他原因，即賈謐"好學，有才思"[5]。

西晉禪代後，晉王朝該從何時算起，令晉朝君臣頗費躊躇。《晉書》中曾提到當時朝廷上下討論立晉書限

---

4 《晉書・賈謐傳》，P1173。
5 同上。

斷這件事，中書監荀勖認為應以魏正始起年，著作郎王瓚則主張以魏嘉平為晉史上限。荀勖的目的是討好司馬氏，試圖淡化他們廢齊王芳、殺高貴鄉公的“弒君”、“篡逆”行為。晉惠帝時，賈謐上議應從晉武帝泰始為斷，潘岳為之代筆。當時王戎、張華、王衍、樂廣、嵇紹等人皆贊成賈謐之說。對賈謐此舉，周一良先生有過公允的評價：“賈謐雖然是舞弄權勢的紈綺子弟，看來確如《晉書·本傳》所說，‘好學有才思’，所以能籠絡了潘岳、左思、劉琨等當時名流文士作為二十四友，而且能看重亡國之餘的吳人陸機陸雲兄弟。王戎等人附和他關於晉史斷限的意見，應當說是正確的。不以向上延伸晉朝歷史的辦法來掩飾沖淡禪代過程中的陰謀與暴力，也應當說是公道的。”[6]西晉以後所修的晉史都從司馬懿敘起，賈謐的意見並未被後代史家所採納。

　　也許因為司馬氏統治一直延續下來，而賈南風、賈謐最後以失敗告終。司馬氏政權既是法定政權，賈謐對司馬氏成員的不敬言行自然都變成犯上作亂。當賈謐以其特殊地位出入宮中，“共愍懷太子游處，無屈降心。

<hr>

6 周一良《魏晉南北朝史學與王朝禪代》，見其《魏晉南北朝史論集》，北京大學出版社，1997 年 6 月，P428。

常與太子弈棋爭道”，成都王司馬穎見狀，便訓斥賈謐。賈謐由於害怕，將此事告訴賈后。賈后時大權在握，於是司馬穎被出為平北將軍。愍懷太子何許人也？他是晉惠帝的長子，非賈后所生。本來年少者在一起玩耍，免不了摩擦，但由於君臣上下等級森嚴，容不得絲毫僭越。當然，賈氏玩弄權術，與司馬氏對抗的野心也是昭然可見。賈謐“為常侍，侍講東宮，太子意有不悅，謐患之”。賈謐與愍懷之間嫌隙既已構成，便與賈后陰謀構陷愍懷太子，誣陷之文由潘岳捉刀。

潘岳與賈家很早就有交往，早在泰始八年，潘岳就入賈充府，爾後賈充轉太尉，潘岳又遷太尉掾。賈充卒後，潘岳一度屏居天陵東山，直至出為河陽令。到惠帝永熙元年，由太子舍人轉為太傅主簿。元康中，潘岳親附賈謐，曾為賈謐作詩贈陸機，並於賈謐坐講《漢書》。當時文人好與權貴交遊者不在少數，史稱陸機“好遊權門，與賈謐親善，以進趣獲譏”[7]。這也因為西晉講求門第，一般士人若不甘平庸，想在仕途上出人頭地，只能依附某個權貴尋找仕進的機會。賈謐也善於籠絡士人，故從之者甚眾。陸機《答賈謐》詩（即答潘岳代作）對

---

7 《晉書‧陸機傳》，P1481。

賈謐不無感戴之情。左思也曾為賈謐講《漢書》，陸機
為此寫有《講漢書詩》。但陸機畢竟是南人，即使賈謐
對之甚為禮遇，卻不可能重用他。潘岳就不同了。潘岳
的家世與陸機也不一樣，潘岳祖上沒有人做過大官，
其祖父潘瑾只當過安平太守，父親潘芘曾任琅邪內史。
這種家世在講求門第的西晉實在是太普通了，因此潘岳
在政治上沒有什麼可資憑藉的本錢。何況，無論他是否
為了治國安邦，還是要光宗耀祖，或僅僅為了個人撈取
名利，積極入世本是中國古代文人糾纏不解的情結，
潘岳自然也不能免。其《閒居賦》道：“顧常以為士之
生也，非至聖無軌微妙玄通者，則必立功立事，效當年
之用。是以資忠履信以進德，修辭立誠以居業。”但是
以他如此低微的門第，想在政治上有所作為，擺脫其天
生資秉與他的出身門第無法相稱所帶來的難堪，他只能
藉個人努力，為自己打開一條出路。位卑者往往思榮
切。要想在西晉紛亂不堪的政治舞臺擺放自己的席位，
作為小人物的潘岳，不能不為自己找一個政治靠山，這
也是當時眾多文人的選擇。好在潘岳天分甚高，才華出
眾，自小有“奇童”之稱，其過人的文學才華或可為他
開啟仕進之門。然而司馬氏家族中的成員，同時在政治

上有影響，文學上又有極大號召力的人物幾乎沒有，歷史卻提供了賈謐作為這樣的人選，他也就自然成為陸機、潘岳等人追隨的對象。況且潘岳看重一個人的文才甚於一個人的人品，當初他之所以賞識公孫宏，乃因公孫宏有"才藝"，史書卻說公孫宏為人"薄行"。因此，潘岳最初依附賈謐或許不無政治上尋求進階的企圖，但他與賈謐交往日深，恐怕更多是個人文學趣好相投，以至不知不覺捲入西晉纏結的內亂，讓自己陷於難堪境地，成為權力鬥爭的犧牲品。

　　潘岳的錯誤在於未能看清亂世危時的隱患而及時抽身，卻"幹沒"不已。不過潘岳對此又不像一無所悟。在《閒居賦》中，潘岳反復說明自己"拙"於用："雖吾顏之云厚，猶內愧於甯遽。有道余不仕，無道吾不愚。何巧智之不足，而拙艱之有餘也！"承認自己未能審時度勢，似乎是事實。承認自己臉皮厚，這倒讓人感到吃驚。難道潘岳知道自己所為與傳統的價值觀頗不相符，而他卻要有意為之？既然如前所說他能反傳統重農輕商思想而強調商賈之事的重要性，那麼，在其它方面比如政權的禪代等問題上，潘岳是否也有與眾不同的見識？從自然法則來看，王朝更替本也不是什麼了不得的事，當一個政體無法維持它的統治，在政治鬥爭中缺乏競爭力，必然就會被淘汰，由新的政權所取代。但是在正統觀念裡，大臣推翻舊王朝，建立起新政權，一般被看作是冒天下之大不韙，即使這個王朝本身已腐敗不堪。如果歷史的進程可以假設，我們不妨設想賈氏若在政治上取得成功，史官如何面對這個新政權，是否也像當初司馬氏篡魏既成事實後，史家幾乎一致認定晉王朝當從司馬懿那時算起？他們又將怎麼評判潘岳？

　　作為一介文士，欲躋身政壇，文才成為一塊不可或缺的“敲門磚”。但才華本身便是一枚雙刃劍，潘岳一生不免為自己的“才”所累。潘岳為賈謐議晉書限斷，代賈謐作詩與陸機，以及構愍懷太子文，皆潘才為賈謐所“用”，潘岳本人似乎也亟欲效其所用。然而，文士不用其才又何謂文士？只是介入政治，一切都變了味，功名利欲不僅泯沒了人應有的善心或良知，權力運作過程更是充滿多少陰謀詭詐。而西晉政治風雲多變，令人無所適從，有志擎雲、無力回天的士人便在這走馬燈似的起滅榮枯中忙得不亦樂乎。不用說潘岳了，就是陸機也是如此，他先是“與賈謐親善”，後趙王倫要除掉賈氏勢力，他因“預誅賈謐”有功而被趙王倫賜爵關中

侯。趙王倫敗亡，齊王冏又疑陸機曾參與趙王倫作九錫
文和禪詔而要收陸機入獄。陸機、潘岳都未免進趨之譏，
但他們似乎又無法逃脫這種命運。不過，潘岳最終並不
是直接受賈謐牽連而致死，而是因為早年得罪了孫秀。
"八王"亂發之後，孫秀投靠趙王倫，為虎作倀，順便
也借刀殺人，潘岳、張華、歐陽建等人皆死於孫秀之手。
多年前的嫌隙在關鍵時刻給予潘岳致命一擊，僅憑這點
就不難看到西晉政治的汙濁混亂，潘岳之無能為力。借
冠冕堂皇的理由報私仇，看來古今無異。

因此，無論潘岳式的依附權勢，還是陸機式的亟欲
有為，或張華式的修身以待天命，結局都一樣。在亂世
危時，也許他們最好的選擇應是隱居不仕。潘岳似乎也
嘗試或嚮往過這種生活："長嘯歸東山，擁耒耨時苗。"
（《河陽縣作》二首其一）據史書記載，潘岳"才名冠
世，為眾所疾，遂棲遲十年。出為河陽令，負其才而鬱
鬱不得志"。後來他為什麼又出來做官則不得而知，是
否因為懷抱利器無所施，令他不甘？或者要與那些妒忌
者賭一口氣？或果真是"仕宦情重"？潘岳早些時候還
是"知足"的，入賈充幕府，任楊峻主簿，他並沒有做
出什麼不光彩的事來，終因楊峻事險些喪命。緊接著晉

朝隙亂日作，至此潘岳若急流勇退或可免去不少禍難，
詎料潘岳轉而與賈謐為伍。潘岳處在急速運轉的權力爭
奪的漩渦之中，無法自主自身的命運。當然可以指責他
對政治的敏感度和原則性不是很強，可是如果他本來就
不認為一家一姓的政權不可攫取，他只相信自己的眼
光，以文學才能和個人魅力取人，又何嘗不可？我們還
可以指責他的悲劇人格，但是在這種人格悲劇的背後又
是什麼樣更為悲劇性的歷史？

　　魏晉時期，經過無數腥風血雨的洗禮，人們開始認
識到政治的危險性及人生價值的真正所在，變得越加超
脫和世故了，但事實上遙遠的濟世安邦的夢想並沒有完
全消退，而專制政權的力量已在日益加強，其殺傷力也
越來越大。於是在功業進取背後的使命感逐漸淡化，支
撐著士人入世有為的崇高理想為實在的權勢利益所取
代。這時不僅是潘岳，凡是想進入政權中心的文人，都
難免陷入這種困境，而競趨之心甚切，處世又不夠圓滑
（即“拙”）的潘岳，由於對政治的期望值太高，只好
以最俗常的方式親近政治。也許潘岳的個人行為不值
得肯定，但由此透視西晉文人的歷史處境，考察春秋戰
國以來士之地位的變化，以及從屈原到陶淵明文人心態

和人生選擇的轉變，應不無作用。

　　其實任何時代的文人都是這個時代造就的。一旦歷史出現循環重複，潘岳式的悲劇也會重演，這也是我們今天為什麼對潘岳不覺陌生的原因。不同的是，潘岳的苦衷難以明言，但他尚可將仕途的險惡、人世的不堪、內心的悲哀，均化入他悱惻淒婉的哀誄之文。而專制政權極端化時期，卻把人變成奴才或走狗；要不鉗制其喉舌，封殺其思想。相比之下，潘岳以及陸機還是幸運的，即使他們最終都被政治所吞沒，但是他們凝聚著人生思考的文章或悲傷失意之際寫下的詩句，讓他們垂名千古。

陸　機：凋落的精英

自秦漢建立起專制集權統治以後，東、西京不僅是政權中心所在地，也是大一統觀念和集權意志統轄的地區，其餘脈綿延中國封建時代幾千年。這種固若金湯的專制集權及大一統意識遭受衝擊，往往是在兩個時空維度上展開：一是大一統局面被破壞，時間上一以貫之的統治秩序被切斷；二是空間上板結一塊的大一統格局被支解，諸如南北分裂、三國鼎立，或藩鎮割據，在天下紛紛的縫隙裡終於透進一股自由的空氣。與此相應，遠離專制集權中心的邊遠區域，由於獨裁者權威意志難以全面籠罩，那裡的民性也就更多些許自由幅度。

三國中的東吳，偏居江南，雖然其政權性質不能脫離封建性，但它與曹魏集團一樣，也是旁逸於大漢帝國之外的異姓藩王，至少在意識深處遠不類冠冕堂皇以劉姓宗室自居的劉備團夥。東吳所處的地理位置及這個地方的民風習俗也呈現出與中原傳統文化不同的風格，本土的統治者無須像曹操那樣掄臂大刀闊斧一掃舊習，這個區域的風土人情本身就具備迥異於中原的個性風貌，史稱"南蠻鳩舌之人"，水耕火耨。

　　錢穆說"三國無異小春秋"。在這三強分立一奪天下的時代，似乎又給士人提供一個展露才華的機會。經過兩漢"獨尊"鉗制的士人，此時自以為又面臨一個四會五達之莊而自擇出路的時機。一些邊遠區域也在天下紛紛之際驟然崛起，孫氏東吳便是繼春秋戰國之後第一次以獨立的國家名義出現於歷史。這塊土地自古非正朔所在，正統文化浸淫甚少，封建化的步伐較為緩慢，封建性之淡薄使它保持更多政治生機，或許這也是它在三國中最後消亡的原因之一。而且，比之北方，江南一帶刀耕火種，生產技術尚不發達，也使民性保持更多真樸，這使得建安時代過去之後，文人心靈幾經摧殘，詩人相繼殞落，詩性逐漸喪失的西晉初年，還有一個真正意義上的詩人出現在冷寂的詩壇，他就是來自東吳的陸機。

　　歷史總是充滿宿命的意味，無論時代如何變遷，詩人的數目如何增多，但詩性卻是獨一的。這個詩性的靈

魂在不同的時代遭遇不同的命運，也隨著時代的變化而
呈現不同的形象，經受煉獄之火的考驗在成長。我們從
歷代詩人留下的足跡可以看到這個詩性靈魂的存在，這
個詩性生命在西晉便是以陸機的名字出現，換言之，陸
機在先秦，他便是屈原；在正始，他便是阮籍；在東晉，
他就是陶潛。

　　陸機（261－303），吳郡吳縣華亭（今上海市松江）
人。其祖父陸遜、父親陸抗皆三國東吳名將。史稱陸機
“身長七尺，其聲如雷。少有異才，文章冠世。伏膺儒
術，非禮不動”。陸機在東吳這塊土壤上培育了他純真
的詩性，他年輕的生命幾乎沒有經受生活的鞭打、血淚
的洗濯，他就像青年的屈原，為自己高貴的家世出身而
自豪自負，懷抱著濟世報國的雄心壯志。他所受的良好
教育和家庭薰陶更加優化了他的天資才能，以致他自信
能夠擔負起天下重任。本來他就可以在吳國施展抱負，
成為其父祖事業的繼承人，可是世道變了，東吳的江山
頃刻轟毀。對於陸機而言，或許他並未為此深悲，正如
他的詩歌從不直接詠唱毀家亡國的哀痛，只在季節的感
喟中寄託對世事遷逝的悲涼之懷。其開闊的眼界、高遠
的志向，使他不可能僅僅囿於一己一家一國的利益，西

晉統一的嶄新政權或許帶給他更大的幻想，他以為遇到他的父祖所未嘗遇到的機遇，進入一個更大的天地讓他實現理想。他從東吳出發，辭別江南華亭與之嬉遊相伴的飛鶴，懷抱著沖天大志，還有亡國離鄉別土之痛，在西晉太康初年來到洛陽。

　　經歷政治淫威高壓的正始文人，至西晉初年紛紛放棄了自我人格的獨立尊嚴，這使西晉初期的詩壇由於缺乏對個體生命形態真誠體驗和書寫的真詩人而沉寂如暗夜，陸機的到來則無異暮色中驀然出現的明星，鍾嶸稱之為"太康之英"。陸機的詩性詩才在這個晦暗時期呈示著勃勃生機，難免也透露著些許寒光。儘管天道運行不以人的意志為轉移，西晉並沒有提供讓陸機大展拳腳的條件，並且始終視之為南人而加以排斥，但是陸機過於健全的心靈使他不曾意識到政治會有什麼樣的殺傷力，尤其黑暗政治的殘酷性，甚至他自身過人的才華就是一枚逼人的利刃。他似乎還在期待著，期待成遂其宏大的志願，而時光如流，一種莫名的惆悵爬上陸機的筆端："置酒高堂，悲歌臨觴。人壽幾何，逝如朝霜。時無重至，華不再陽"（《短歌行》）；"天道夷且簡，人道險而難。休咎相乘躡，翻覆若波瀾"（《君子行》）。

歎逝流光抑是悲士不遇？陸機以其詩人的敏感，隱然感受到即將或已經降臨的季節陰霾。

　　終於賈后八王之亂旋踵而至，陸機被推入一個極不光彩且冷酷無情的權力爭奪的漩渦之中。由於陸機不曾處身北土，沒有經受魏晉士人血與火的淬煉，因而缺乏對司馬氏政權性質的深刻認識。陸機過於強健的心靈無法應對始料不及的政治猝變，他的純真卻成為陰謀政治的犧牲。他甚至來不及思索，就被推入這場歷時十餘年的劫難。陸機，這位天才的詩人和詩人純真的詩性靈魂，在歷史上又一次被政治扼殺了。

　　隔著千百年的光陰，後人自然比陸機本人更清楚看到當時的歷史佈景。在明代的某個時空裡，無怪乎張溥幽幽然為陸機嘆惜：“陸氏為吳世臣，士衡才冠當世，國亡主辱，顛沛圖濟，成則張子房，敗則姜伯約，斯其人也。俯首入洛，竟縻晉爵，身事仇讎而欲高語英雄，難矣！太康末年，釁亂日作，士衡豫誅賈謐，倖得通侯，俗人謂福，君子謂禍。趙王誅死，羈囚廷尉，秋風蒪鱸，可早決幾。復戀成都活命之恩，遭孟玖青蠅之譖，黑幰告夢，白帢受刑，畫獄自投，其誰戚戚？張茂先博物君子昧於知止，身族分滅，前車不遠，同堪痛哭，然冤結亂朝，文懸萬載。"[1]

　　陸機終罹禍敗固然有不知"機"之嫌。當時天下將亂，"顧榮、戴若思等咸勸機還吳，機負其才望，而志匡世難，故不從"[2]。八王亂中，他先是當吳王司馬晏的郎中令，遷尚書中兵令，轉殿中郎。趙王倫輔政後，他又被引為相國參軍，並且因參與謀誅賈謐有功，賜爵關中侯，進而為中書郎。趙王倫敗亡，齊王冏以陸機曾任趙王倫的中書郎，認為他與人共作九錫文和禪詔，於是將陸機投入獄中並要加害於他，幸蒙成都王穎、吳王晏相救，陸機得免不死。本來至此陸機應有所悟，聽取顧榮等人建議，及時抽身，無奈陸機轉而投靠司馬穎，原因是"時成都王穎推功不居，勞謙下士。機既感全濟之恩，又見朝廷屢有變難，謂穎必能康隆晉室，遂委身焉"[3]。司馬穎以陸機為將軍討伐長沙王司馬乂，陸機兵敗被讒，遇害軍中。

　　當陸機被任命為河北大都督，北中郎將王粹等人憤然不平，陸機鄉人孫惠勸陸機將此位讓與王粹，陸機以

---

1 《漢魏六朝百三家集（二）‧晉陸機集題詞》，上海古籍出版社，1994 年 8 月，P1413-360。
2 《晉書‧陸機傳》，中華書局，1974 年 11 月，P1473。
3 同上，P1479。

擔心"首鼠兩端"招來禍患為由而不取。陸機有抽身的機會,但他沒有抓住,在後人眼裡他未免顯得不知"機"。同樣,死於趙王倫之手的張華也是如此。張華遇難之前,其子張韙就曾勸他辭去宰相之位,張華不從。正如張華乃博物君子而不知止於所當止,陸機在現實面前奮力進取猶如他橫溢的才華難以管束,其深植內心的儒家情結,使他不識時務地看待功業恩遇,乃至亡國離鄉的屈辱。但他與張華又實為不同,張華自恃"先帝老臣,中心如丹",修身以待天命,可是"諫君不從而不去位",以至招來殺身之禍,這是"迂"。陸機卻使命感過於沉重,為人天性高傲,既缺少斡旋於官場所應有的狡獪,又不願委曲求全,面對"釁亂日作"的時局不懂韜光隱晦。即使他並無過節,但他鋒芒呈露,足以招致他人的嫉妒,引來殺身之禍。然而陸機似乎至死仍未明白他何錯之有,卻認為是"命"所註定。他不知道自身的才華、剛烈高傲的性格、知恩圖報的心理、顯赫的家族歷史,乃至屈身敵國的降臣身份而榮膺仕祿,如史臣道:"三世為將,道家所忌,又羈旅入宦,頓居群士之右",都是他致命之由。誠然,陸機之不識時務也毋庸諱言。《老子》曰:"不為天下先。"後人也說:

"夫時方顛沛，則顯不如隱；萬物思治，則默不如語。"[4]如何判斷"治"還是"亂"，道家的智慧不無作用。陸機未能審時度勢，正確把握進退去取，在非常之時卻競進不輟。顯然張溥的分析是深刻的："俯首入洛，竟縻晉爵，身事仇讎而欲高語英雄，難矣！"是啊，陸機何不"秋風蓴鱸，可早決幾"，以至"畫獄自投，其誰戚戚"！

魏晉易代之際，政治極端黑暗，士人的人格一再遭到政治權威的強行摧殘和無情嘲弄。何必是陸機、張華，即使像潘岳那樣努力捨棄個人意志，與政治妥協，也依然難逃厄運。士人在政治上的出路幾乎沒有了，除非他願意像荀勖、賈充之流以出賣自身人格為代價，獲取一時的顯達。在這紛亂惡濁的現實，這時唯一的去向是逃往山林田園，在清虛靜寂的世界裡保持純真的詩性，當時一位名叫張協的詩人正是選擇了這條道路，這條路的盡頭便是陶淵明的田園。然而，成王敗寇，畢竟陸機在政治上的進取是以慘敗而告終，他既沒有像屈原那樣投江自盡，也不似阮籍忍辱偷生，更不曾像陶淵明那樣走

---

4 袁宏《三國名臣序贊》，見《文選》卷四七（下冊），中華書局，1977 年 11 月，P670。

進田園。在那個不值得進取的時代，陸機的進取不被後人所重，陸機的結局更令人歎惋，他的命運也讓後人唏噓不已。唐代詩人胡曾《詠史詩‧華亭》即云：

> 陸機西沒洛陽城，吳國春風草又青。惆悵月中千歲鶴，夜來猶為喚華亭。

　　然而陸機確實也無可作為，他的一生是時代和人生的悲劇。東吳的土壤培育了他純真的詩性，光榮的家族歷史既優化了他的天賦資秉，也催生著他獲取功業的理想和信心，他那未曾受創的心靈猶如烈馬，在他所構想的王國裡馳騁奔競。他似乎總在 "進"，而沒想到 "退"，除了在吳亡後十年中，與其弟陸雲 "退居舊里，閉門勤學"。入晉之後，他的抱負和作為都變得不合時宜。一方面，他一向自視甚高，用世之心太切，對政治之殘酷性又缺乏充分的認識，以為匡濟天下乃是自己不可推卸的責任，看不清亂朝的危患。另一方面，由南入北而遭到北人的欺侮，乃因他的身份是亡國降臣，以至盧志可以當其面直呼陸機父祖之名，雖然陸機毫不退讓地反唇相譏，但這一事件足以說明陸機驕傲的心靈必須時時為猝不及防的挑釁而經受磨練，並滋長著自卑。

　　陸機原本是自負的，入洛後他不得不變得極為卑恭："臣本吳人，出自敵國，世無先臣宣力之效，才非丘園耿介之秀。皇澤廣被，惠濟無遠，擢自群萃，累蒙榮進。入朝九載，歷官有六，身登三閣，官成兩宮。服冕乘軒，仰齒貴游，振景拔跡，顧邈同列。施重山嶽，義足灰沒。遭國顛沛，無節可紀。……"[5]屈節敵國、蒙羞受辱不得不使他變得自卑，自卑到以為自己"無節可紀"。在北地屢受排擠甚或迫害的陸機，對危難之時援之以手的成都王自然感激涕零，為感念其活命之恩而甘為之效力。對於陸機來說，一切作為都在情理之中。家國無存，故人故事已化為隨身攜帶的鄉愁，他只能如同東吳的疆土，也像一棵拔根移植的良木，歸入西晉帝國大一統的版圖。但是一統帝國並不能容下他這個來自敵國的臣民，"非我族類，其心必異"，總是認定這個敵國將相的後代必有反骨，或許這只是一種藉口，陸機的顯赫家世和出眾才華也刺痛一些醜陋的人性。陸機的可悲在於他不僅生不逢時，而且居不逢地，必然難以達至"人和"，何況人性之妒賢嫉能無處不

5 陸機《謝平原內史表》，見《文選》卷三七（中冊），P524-525。

在，陸機豈能不敗？

　　或者，陸機確實在醞釀著興復邦國的壯舉也不無可能，即使他的文章一再辯說他對晉室的赤誠之心。然而這一切的一切都已湮沒在歷史的風塵之中，只有陸機哀哀無告的身影在我長夜孤燈的光斑裡若隱若現。我不能不為這位"太康之英"蒙受霜風嚴寒的侵襲而過早凋零歎息不已，不能不為西晉文壇惟有的詩性靈魂終遭覆滅而扼腕呼號。

　　作為詩人，陸機極為敏感，即使他好像未曾識破許多戲劇性情節疊出的玄機，但他已時時感受到造化弄人的無奈，這在今天陸機所留下的為數不少的詩文作品中依然可見。除了《謝平原內史表》、《豪士賦》等幾篇直接反映陸機自身經歷的文賦之外，大多數詩文賦作或多或少地抒發其人生的曠漠之感。僅就賦作而言，其中有對故國故土的思念（《懷土賦》、《思歸賦》），也有對先人的緬懷（《祖德賦》、《述先賦》、《思親賦》），更多是對季節變換、時光流逝的殷憂（《感時賦》、《歎逝賦》、《大暮賦》），至於深思濃愁更是遍佈其詩文字裡行間（《愍思賦》、《行思賦》、《述思賦》）。他的作品超越了現實的恩怨情仇，書寫著對生命自身的真誠體驗。仕途的險惡風波、懷鄉戀土的拳拳深衷、人世的種種無奈和不堪，皆化作詩人對茫茫宇宙的追索沉思，在悲涼的季節裡傾訴著詩性靈魂的痛苦，以及迷惘。

眼前，所有的榮辱悲歡、愛恨恩仇都已隨風而逝，甚至陸機那飄搖的身影也已模糊不清。放置在我面前的是一卷經歷了千百年時光的考驗而流傳至今的文集，任何刀光劍影都無法砍殺它的精神，任何譭謗誣衊也無以否定它的存在，它有充足的理由藐視權勢，甚至藐視時空。掩卷凝思，我不能不為此感到欣慰。歷史從來不悲憫失敗者，但是歷史又常常忘記那些所謂的成功者，究竟誰是成王敗寇，歷史不予回答。然而，千百年後遙望陸機，為什麼心尖還會有隱隱的新痛？

張載與張協：去來捐時俗

　　西晉初年的洛陽，一片祥和。近一百年紛亂的局面結束了，新生的統一帝國元氣充滿，吸引著來自各方的士子，包括一些"亡國之餘"。河北武邑[1]的張氏兄弟正值年少，且才華出眾，與當時眾多亟欲有為的青年才俊一樣，懷抱大志，躋身仕途。如果一切都像人們所期望的那樣，政通人和，君尊於上，臣敬於下，效仿漢武時代的文士，創作一些情懷淡定的詩賦，紆青拖紫，也未必不能。他們可以憑藉才學或政績平步青雲，或耽溺於

1　《晉書・張載傳》說張載"安平人也"。安平在今河北境內本無異議，但具體在何處，後人有數種說法：安平說、武邑說、灌津說、信都說、觀津說。其中以武邑說居多。張載張協兄弟的生卒年也不好確定，大體可知他們的活動時間主要在西晉初期。安平張氏兄弟共有三人：張載、張協、張亢。本文所論主要是張載、張協二人。張亢出生較晚，出仕在東晉初年，且史家稱其"才藻不逮二昆"，本文限於篇幅，故暫不理論。

宦味，以攫取人世的榮華，充當一個平庸的官吏。安平張氏兄弟的命運最初也是以這種模式開始。只不過由於他們沒有顯赫的家世可以憑恃，與這時期其他出身普通的士人一樣，他們不得不依附一些權貴或皇族宗室，藉自身的文學才華，叩開官府大門，謀得些許俸祿。

早在西晉一統政權建立之前，長兄張載就以一篇《濛汜賦》獲得傅玄的青睞並為之延譽。不幾年後，二弟張協也以文才為公府所辟。這時，一切都是那麼順心如意，即使對他們有知遇之恩的傅玄、傅咸父子因遭致麻煩而殃及張氏，但是這並不影響他們繼續在官場存身及至進階。張載自佐著作郎後，出補肥鄉令；張協在太康年間也由秘書郎出補華陰令。兄弟二人都有出任地方官的仕歷，而且幾乎都在世道太平之時，或許他們正在耐心等待進入更高權力階層的機會，並不甘居一隅之地？

然而，太平盛世伴隨著晉武帝生命的終結也轉瞬即逝，官場上不時上演的勾心鬥角遊戲，頃刻演化為接踵連軌的政治殘殺，八王之亂開始了。西元 300 年（晉惠帝永康元年）乃西晉政權建立後極為血腥的一年。先是賈后害愍懷太子於許昌，繼之趙王司馬倫廢賈后，由此引發一系列屠戮，張華、裴頠、潘岳、石崇、歐陽建等人相繼被趙王倫、孫秀所害，劉頌自殺。大約此時，張載由樂安相遷弘農太守，或因在地方官任上，沒有捲入權力中心的政治漩渦而能自保。

史籍關於張氏兄弟仕履時間的記載極為含糊，但是隱約可知。八王之亂初始，或在八王亂前，二張兄弟先後進入輪番把握權柄的宗室幕府，分別為長沙王司馬乂、成都王司馬穎的幕僚。張載曾為長沙王司馬乂的記室督。司馬乂為人"開朗果斷，才力絕人，虛心下士，甚有名譽"[2]，或許這正是吸引張載離開地方官府，投身其門下的重要原因？趙王倫、孫秀不得人心，最後被齊王冏、成都王穎聯合消滅，齊王冏繼之輔政。但是齊王冏"驕恣日甚，終無悛志"[3]。河間王司馬顒原想借齊王冏制伏長沙王，沒想到齊王冏反為長沙王乂所誅，於是河間王司馬顒親自發力，聯合司馬穎攻擊長沙王乂。永興元年（304），司馬乂敗亡。大約此後，張載轉中書侍郎，不久復領著作郎，撰寫《晉書》去了。張協任河間內史的時間亦不好確定[4]，但有可能就是在充當河間王司

2 《晉書・長沙王乂傳》，中華書局，1974 年 11 月，P1612。
3 《晉書・齊王冏傳》，同上，P1607。
4 陸侃如認為約在元康五年，即西元 295 年，見《中古文學系年》
（下），人民文學出版社，1985 年 6 月，P757。

馬顒的屬官之時。至於史書記載張協曾為征北大將軍從事中郎，有人認為是在成都王司馬穎手下（或說張協乃是任楊濟的從事中郎），時間也不好坐實。入幕宗室諸王或是當時普通士人進入仕途的一種方式，以張氏兄弟平凡的出身，也只能選擇這一門徑。

這些宗室侯王的政治生命並不長久，二張在他們幕府逗留的日子也一現如曇花。在司馬氏骨肉相殘、相繼敗亡之後，張氏兄弟見勢不妙，旋即轉任他職，只不過他們很快就改弦更張，或繼續彷徨於仕途，或絕塵而去。他們逐漸離開京都的政治中心，由政治轉入學術，甚至脫離都城後，走向山林草澤，不再回頭。此是後話。

關於張氏兄弟的仕宦經歷，史籍所言也很模糊，至於何年何時出任某職更是難以詳知，但是自永康元年（300）以後，張氏兄弟的求仕之心明顯不太急切，尤其是張協。幾年後，張載"見世方亂，無復進仕意，遂稱疾篤告歸，卒於家"[5]，陸侃如《中古文學系年》定之於永嘉二年（308）。張協似乎比乃兄更早退出官場[6]。當

---

5 《晉書‧張載傳》，P1518。

6 陸侃如系之於永康元年（300）隱遁山林，見《中古文學系年》（下），P789。

潘岳、陸機奔走於權貴之門，在宦海浮沉而終至覆滅之時，張氏兄弟適時全身而退，逃離官場或屏居草澤，成為那個不值得進取時代的智者。

張氏兄弟的官位在當時並不顯貴，但在西晉初年的文壇，張氏兄弟的才華照耀一時，故時有"三張"之譽。雖然東吳陸氏兄弟的文才，時人以為在三張之上，所謂"二陸入洛，三張減價"，但就識見來說二陸應居二張之下，究其原因，應當與張、陸生長的環境和家庭出身有關。張氏兄弟只是一般官吏的子弟，非同出身將相之門的陸氏昆仲，前者可能因位卑地寒而更知道求仕之艱，而且他們身居北地，也更瞭解當時的政治形勢，看多了風雲起伏的權力鬥爭，這是來自東吳高門的陸氏兄弟所未能經歷，也無法逆料的。由此，張氏和陸氏對於君臣關係、士人遇或不遇的問題有不同的認識，從而也影響到他們在現實中立身處事，以及最後的結局。

與陸氏兄弟尤其是陸機的文學地位相比，張氏兄弟的整體實力明顯不如，即使鍾嶸《詩品》將張協列於上品，可與陸機相埒，但"太康之英"的名號唯陸機獨有。就作品的數量而言，張氏兄弟留存的著作亦不可謂多，其中張載的《榷論》和張協的《七命》基本上可以分別視為他們的重要之作，其重要性並不在於它們寫得如何花團錦簇，而在於見識，或許這正是他們在現實中懂得如何取捨、權衡進退的思想基礎。

《榷論》寫於何時不得而知，從內容或可推測當是作者出仕之初，也有可能是作於八王之亂發生之前。其時作者尚躊躇滿志，有感於現實之弊而發。《榷論》開篇即歎曰："賢人君子將立天下之功，成天下之名，非遇其時，曷由致之哉！"秦統一中國之後，士人在政治上的出路愈加有限，以致漢代人頗為嚮往春秋戰國時代"士"的境遇而感歎不已，出現了《答客難》、《解嘲》之類的文章，張載此文可謂其嗣響。作者在《榷論》中以一些歷史人物的遭遇為例而說明之。其立論的基點在於"當其有事也"，群雄並起，士人才幹便能得其所用，一些平庸之才也借助雲龍之勢，馳騁一時。"及其無事也，則牛驥共牢，利鈍其列"，太平時期由於無非常之事，難辨賢愚或才與不才。時運機遇就好比漫漫長途，能試出"牛驥"之別，也似犀牛的皮革可以分別刀劍的"利鈍"。所以作者認為"處守平之世"，要建非常之功，難矣！與"時"相關的就是須遇其"人"，就像和璧與隋珠如果沒有遇到識貨的人，依然埋沒在荊山，或潛伏在重川。為此作者總結道："此言有事之世易為功，無為之時難為名也。"其次，《權論》也就"守平之世"的官場生態發表看法。那些"庸庸之徒，少有不得意者，則自以為枉伏"，這些人"莫不飾小辯，立小善以偶時，結朋黨、聚虛譽以驅俗"。那些不明真相的"世主"卻"相與雷同齊口，吹而煦之"。接著，作者直指當下的弊端，指責"循常習故，規行矩步，積階級，累閥閱，碌碌然以取世資"的士人，感歎"若夫魁梧俊傑，卓躒倜儻之徒，直將伏死嶔岑之下，安能與步驟共爭道里乎！"隨即作者又指斥那些軒冕之士"苟不能匡化輔政，佐時益世，而徒俯仰取容，要榮求利，厚自封之資，豐私家之積"，不過是沐猴而冠。或許此時的張載正在等待"非常之時"，而不願與那些規行矩步的"庸庸之徒"為伍，甚或他以為自己的才能尚未得以施展，希望來一場驚天動地的"非常之事"？

魏晉時期天下紛紛，士人出處進退無所適從，"時遇"問題不得不再次被論及。《權論》出自張載而非潘、陸之手，恐非偶然。繼晉武一世短暫的太平之後，統一政權建立（280）方有十年，繼之禍亂疊作。誠如永寧年間孫惠所言："自永熙（290）以來，十有一載，人不見

德，惟戮是聞。公族構篡奪之禍，骨肉遭梟夷之刑，群
王被囚檻之困，妃主有離絕之哀。歷觀前代，國家之禍，
至親之亂，未有今日之甚者也。"[7]張載期待的"亂世"
終於來了，但是"機遇"不僅沒有讓有才幹的人施展抱
負，卻使這些士人無端捲入紛亂，死於非命。曾經依附
或奔走於諸王門下的士人，即使一時得到賞識或重用，
隨著王侯自身乍起乍滅，也都成為權力的陪葬品。一些
心懷叵測之徒隨風起伏，雖也得志一時，最後亦不得善
終，一如孫秀。在這個"有事之世"甚至"多事之秋"，
才能與品德全部讓位於權柄，而權柄又如此不堪重握，
貴賤賢愚一概聽命於無常。

　　士人遇或不遇的千古之問，至此似乎還是未能找到
答案。同樣是"亂世"，同樣也有"明君"，卻沒有帶
給他們展露才能的機會，惟有不曾斷絕的殘殺直接危及
生命。道義尚且無存，生命亦難自保，效命家國的初衷
也被腥風血雨掩埋。春秋戰國"得士者昌，失士者亡"
的現實已一去不返，"逢亂世"與"遇明君"似乎已不
足成為施行"非常之事"的前提條件。隨著政治形勢愈
加複雜，人性中的醜陋更加明朗化，當年君臣上下成就

---

7 見《晉書‧齊王冏傳》，P1607。

"非常之功"的宏大理想，已被愈益膨脹的權力欲望所取代。西晉之時，當朝士人所依附的往往是不堪依附的權貴，他們僅僅是王族宗室所利用的打手或工具，這些宗室諸王所看取的無非是權力而非功業。士人的夢依舊酣沉，直至沉入人生的末路而未得醒轉。然而，張氏兄弟卻及時驚覺並開始逃逸，雖然他們最終沒有實現安邦治國的理想，但至少他們保住自家的性命。在權力中心之外，他們獲得身心的自由。他們罔顧無數彷徨於歧路的士人，率先遠離官場，奔向山林川澤。他們的選擇再一次提醒士人從政治中心向邊緣黜退，直至歸返自然。於是，張協的《七命》和《雜詩》產生了。

《七命》所關心的不再是士人的遇與不遇問題，現實的名利已成為束縛人性自由的枷鎖。在張協看來，人間社會不應是權力追逐的場域，而應是浮生寄寓的家園。文中張協為其主人公命名為"沖漠公子"，已然包含著鄙視世俗的意味──"含華隱曜，嘉遁龍蟠，超世高蹈，游心於浩然，玩志乎眾妙，絕景乎大荒之遐阻，吞響於幽山之窮奧"。在一片超俗之氣的籠罩下，世間的音曲之妙、宴居之麗、畋游之盛、兵器之奇、車馬之俊、珍饈之味，皆不足使沖漠公子動容。但是徇華大夫描繪的風清俗美之太平盛世——"萬物煙熅，天地交泰。義懷靡內，化感無外。林無被褐，山無韋帶……"，卻讓沖漠公子"蹶然而興"，"請從後塵"。誠然，這只是張協構想的理想社會，"導氣以樂，宣德以詩，教清乎雲官之世，政穆乎鳥紀之時"並沒有出現，現實的權力紛爭、血腥殺戮早已使人間成為地獄。於是乎，大約在張華、潘岳等人罹難之後，陸機尚奔走於侯門之時，張協已先其兄長"遂棄絕人事，屏居草澤，守道不競，以屬詠自娛。擬諸文士作《七命》"[8]。

其實，在那個亂世，抽身而退的明智之士不僅有張氏兄弟，還有束晳、張翰、左思及潘尼等人，但他們中有的不得善終（如左思），有的後來還是出來做官（如潘尼）。他們或多或少都留下詩文著作，甚至文學成就不亞於張氏兄弟，但是在詩文中表露對林麓藪澤的嚮往，開始著眼於對自然景物的描繪，表達遺世高蹈的情懷，則在張氏兄弟的作品中更為多見，尤其是張協的一組《雜詩》。

"雜詩"是魏晉常見的一種詩作類型，這時期的詩人幾乎都有這類作品，比如傅玄、張華、何劭、左思、

8 《晉書·張載傳附張協傳》，P1519。

張翰等，只是或單篇或三兩首為一組，且多殘缺不全。張協《雜詩》十首為一組，在當時可謂"雜詩"之巨制了。藉這組詩或可見詩人"屏居草澤"前後的心路歷程，其中已明顯流露出陶潛的歸隱之意，如第九首：

> 結宇窮岡曲，耦耕幽藪陰。荒庭寂以閒，幽岫峭且深。淒風起東谷，有渰興南岑。雖無箕畢期，膚寸自成霖。澤雉登壟雊，寒猿擁條吟。溪壑無人跡，荒楚鬱蕭森。投耒循岸垂，時聞樵採音。重基可擬志，廻淵可比心。養真尚無為，道勝貴陸沉。遊思竹素園，寄辭翰墨林。

與陶淵明"結廬在人境"不同，張協乃"結宇窮岡曲"。這裡不是煙熏火燎的人間俗世，而是荒僻的山澤："溪壑無人跡，荒楚鬱蕭森。"所見乃"澤雉"或"寒猿"，自然界的"幽岫"和"淒風"便是其身邊的風景。在偏僻的山林耦耕，沿著崖岸行走，遙聽伐木的聲響……，看不到紅塵的煙火，更見不到官場的刀光。遠隔人世的紛擾，詩人所擁有的是無邊靜謐，心靈跨越了世俗的種種屏障，高舉在幽峭的峰頂，遊走在"道"

的聖境，山林川澤全然成為詩人心志的寫照：“重基可擬志，廻淵可比心。養真尚無為，道勝貴陸沉。”於是，在其筆下簇擁著原初的自然物象，展示著塵垢蕩除後與物相感的心境。那裡雖有山居物質生活的寒窘迫促，更有精神掙脫塵羅後的自由歡悅。當身心皆歸返自然，唯有時光流逝，季節變換，寒暑交替，串成山中的歲月。在閑淡的日子裡，一切都變得緩慢深長，身心因少卻名利的羈絆而自由舒暢。當思緒縱橫千古，方知人生如此短暫，生命原來應有更好的安頓，現實的道路可以有更多選擇，精神的空間亦可無限拓展。由此回望人世，縱觀歷史，千般的恩怨功過都似那翻轉的雲霧，一如擦肩而過的山風。這時盤繞作者心頭的已不再是治國安邦的志向，或宦海鼓棹的興奮，甚至也淡漠了對太平盛世的奢望，眼前所見乃是大自然最原始的面目：日月風雲，朝霞夕霏，山川草木，鳥獸蟲魚，生命在自然之環中生生不息，剎那即是永恆。

　　張氏兄弟遺落世俗的情抱也隱藏在其“招隱詩”中。西晉初期出現一些以“招隱”為題的詩作，張華、左思、張載、陸機等人都有《招隱詩》創作。這些招隱詩都在傳達對隱逸生活的嚮往，程度不等地寄託作者的

歸隱願望，也有不少山林景象的描繪。但是張華、左思、
陸機之作更多是將"隱逸"當作一件事來吟詠，更似
"尋隱"而非"自隱"，如張華《招隱詩》："隱士託
山林，遁世以保真。連惠亮未遇，雄才屈不伸。"陸機
《招隱詩》則更直白地表露出"富貴苟難圖，稅駕從所
欲"，難道說如果富貴可圖，未必就去隱居？相比之下，
左思的《招隱詩》之所以更為知名，在其境界。詩中描
繪了遠離塵囂的山水物象，讚頌隱士清高的生活，但從
"杖策招隱士"可知，詩中所有的描述只是詩人的想象
或憧憬罷了。張載《招隱詩》自然山水的描寫較少，其
注意力更偏重在隱逸行為發生的動因："出處雖殊途，
居然有輕易。山林有悔吝，人間實多累。"詩人又以"鵁
鶄"和"鸛鷺"的不同處境，表達對險惡官場的怵惕，
隱含著自由不羈的意志："鵁鶄翔穹冥，蒲且不能視。
鸛鷺遵皋渚，數為矰所系。"也許張載早已深刻體味到
人性被壓抑的苦痛，而隱逸正是免除殞命於宦途風波的
一種出路，所謂"去來捐時俗，超然辭世偽。得意在丘
中，安事愚與智"，儼然已有些許陶淵明的心意。

　前人已然看到張協與陶潛相通之處，明代宋濂就認

為陶淵明出於左太沖與張景陽[9]。清人何義門甚至說：
"胸次之高，言語之妙，景陽與元亮之在兩晉，蓋猶長
庚、啟明之麗天矣。"[10] 本來從張協的草澤啟程，即可
通往陶淵明的田園，誰知"八王之亂"方罷，"永嘉之
難"復起，歷史旋即墜入暗夜，田園也免不了兵禍殃及，
而士人的名利之心尚未全然冷卻。即使有越來越多的歸
隱者奔往山林丘壑，但因少卻文學的書寫而使他們埋沒
於歷史深處。接踵而來的東晉則是世族的天下，無所不
有的莊園容納了士族的輕愁和恣意，他們不需到田園中
尋找棲身之所。然而，經過幾代文人才士的努力，時至
東晉，文學的書寫力已日漸增強，超然高蹈的心意也愈
益顯豁。歷史正在醞釀時機,當隱逸不僅為了蔽身遠禍,
而是尋求身心的最大自由，並藉以最純粹的文學形式書
寫生命獲釋的歡欣，陶淵明的足音也將蹈空而至。

---

9 轉引自《詩品注》卷中，鍾嶸著，陳延傑注，人民文學出版社，
　1961 年 10 月，P42。
10 《義門讀書記》，轉引自陳延傑《詩品注》卷上，P27。

郭　璞：高蹈風塵外

　　史傳及稗官小說把郭璞說成是一個能捏會算、"攘災轉禍,通致無方"的神仙。據說他看上盧山太守胡孟康的婢女,無由而得,便施"魔法":取小豆三斗,繞主人宅散之。翌晨小豆變成數千赤衣人圍其家,主人就視則不見,心甚惡之,於是請郭璞占卦。郭璞說"你家裡不宜養這個奴婢,可以將她賣到東南方向二十里之外,千萬不要與買主爭價。如此這般,妖氣就可消除"。主人從之。郭璞則派人用賤價買進這個女婢。一切就緒後,他再將"符"投入井中,數千名小豆變成的赤衣人也就自縛投井,妖氣遂絕。主人大悅。史家又說郭璞能將死馬治活,還教王導制木為替身,避免了一場滅頂之災。

　　郭璞（276—324）,字景純,山西聞喜人。《晉書》本傳曰:"璞好經術,博學有高才,而訥於言論,詞賦

207

為中興之冠。好古文奇字，妙於陰陽算曆。"[1]郭璞當過宣城太守殷祐的參軍，又曾被王導"引參己軍事"。晉元帝時，郭璞因一篇《南郊賦》，任著作佐郎，後來遷為尚書郎。明帝時郭璞亦被見重。郭璞曾上疏以易卦道理提醒統治者"宜發哀矜之詔，引在予之責，蕩除瑕釁，讚揚布惠，使幽斃之人應蒼生以悅育，否滯之氣隨谷風而紓散"，又藉天象勸戒晉帝"恭承靈譴，敬天之怒，施沛然之恩，諧玄同之化"[2]。他還幾次語重心長地說："天人之際不可不察"，"此自然之符應，不可不察也"。不過，這些最高統治者及政要看中的只是郭璞占卜方面的才能。王敦就是看中郭璞的才學而迫使他為記室參軍，郭璞最後也因勸王敦不要謀反而被殺。有人認為郭璞為晉朝安危著想，又反對王敦作亂，支持溫嶠、庾亮討伐王敦，都是借助神明的力量為之，因此儒家思想是郭璞的主導思想[3]。

　　郭璞上知天文，下知地理，由天象而知人事，世事遷流斡運，全在他深不可測的卜筮裡。精通易學和陰陽

---

1 《晉書·郭璞傳》，中華書局，1974 年 11 月，P1899。
2 同上，P1902、1904。
3 見連鎮標《郭璞研究》，上海三聯書店，2002 年 7 月。

學的郭璞雖能“探策定數，考往知來”，具有常人所沒有的異秉，卻“宦微於世”，而且“璞既好卜筮，縉紳多笑之”。史家對郭璞“妙於陰陽算曆”也有所異議：“夫語怪徵神，伎成則賤，前修貽訓，鄙乎茲道。”這也道出郭璞為時人所譏笑的原因。孔子曾說“未能事人，焉能事鬼”，“未知生，焉知死”，“不語怪力亂神”。“語怪徵神”不就是“怪力亂神”或“異端”？“仲尼所謂攻乎異端，斯害也已”[4]。魏晉時期儒學雖然衰微，但一些人依然以正統觀念維護者自居，何況扶箕、占卜等厭勝之術向來不登大雅之堂，故“禮薄於時”。此時神仙道教因符合門閥政治階級的利益而興起，一批神仙方士在社會上十分活躍[5]，與郭璞幾乎同時的葛洪便是突出代表。但是郭璞所長在於卜筮堪輿，而非煉丹求仙，這大概與郭璞的性格志趣有關。從郭璞注《山海經》、《楚辭》、《穆天子傳》可見，他對殊方異域風光、海外奇聞甚感興趣，及其《江賦》、《遊仙詩》所有的超凡氣息，皆可見其尚奇的個性氣質。他所認知的時空維度非常人所能企及，對於時人的恥笑及自

4　《晉書・郭璞傳》史臣傳論，P1913。
5　見任繼愈主編《中國道教史》，上海人民出版社，1990 年 6 月。

己"才高位卑",郭璞只能喟然太息:"鷦鷯不可與論
雲翼,井蛙難與量海鼇。"[6]

　　從正史及稗史言之鑿鑿的記載可知,郭璞卜測大事
小事都極為精准,他確實具備"考往知來"的特殊能
力。郭璞的才不可謂不大,不可謂不高,但郭璞縱有通
天的本領,充其量只是被別人當做"術士"看待,何況
他畢竟羈身現實,難以"蟬蛻於濁穢",無法免去"俗
累"。首先其"才"就是一累,其"雖京房、管輅不能
過"的卜筮才能非但不能帶給他高官厚祿,卻因此招致
殺生之禍,故史家曰"斯亦伎成之累也"。其次為"命"
所累,郭璞應該算過自己的命運,其一生禍福得失在他
看來都是命中註定,正如他已知自己將命喪王敦之手,
所以他不可能有更多的道路選擇。他無法改變自身的命
運,又無法棄現實而去,只能將所有的憂思悲懷以及對
自由的憧憬寄託於"遊仙詩"。

　　歷來評論家對郭璞的遊仙詩評價極高。鍾嶸稱郭璞
遊仙詩"始變永嘉平淡之體,故稱中興第一",又說"詞
多慷慨,乖遠玄宗","乃是坎壈詠懷,非列仙之趣

---

6 見《晉書‧郭璞傳》,P1905。

也"[7]。劉勰《文心雕龍》也說："景純仙篇，挺拔而為俊矣。"（《明詩》）"景純豔逸，足冠中興。"（《才略》）[8]在郭璞之前的遊仙詩大多表達"列仙之趣"，郭璞的遊仙詩則開拓一個將人間與仙界相糅合的境界，在遊仙詩中紓解在現實中受到抑壓的"坎壈"之懷，表達對自由的強烈渴望。正如李善所說："凡遊仙之篇，皆所以滓穢塵網，錙銖纓紱，餐霞倒景，餌玉玄都。而璞之制，文多自敘，雖志狹中區，而辭無俗累，見非前識，良有以哉。"[9]

在郭璞遊仙詩中，撲面而來的是詩人受制於現實的不自由感，及懷才不遇、不為人理解的痛苦：

> 逸翮思拂霄，迅足羨遠遊。清源無增瀾，安得運吞舟。珪璋雖特達，明月難闇投。潛穎怨清陽，陵苕哀素秋。悲來惻丹心，零淚緣纓流。

---

7 《詩品注》卷中，陳延傑注，人民文學出版社，1961 年 10 月，P38-39。

8 《文心雕龍註》，范文瀾註，人民文學出版社，1958 年 9 月，P67、P701。

9 《文選》卷二一（上冊），中華書局，1977 年 11 月，P306。

是啊，有善飛的雙翅自然想沖霄而上，有善跑的雙腿自然想遠遊他方。可是人世有限的空間、名利場狹隘的觀念，就像掀不起巨浪、容不了吞舟之魚的小溪。雖然珪璋之類的寶玉自身就是無價，猶如明月之類的寶珠，但闇投於人，並不能讓人知其珍貴。長在暗處的禾穗得不到陽光的撫慰，在春天裡發出怨歎；生在高處的草木率先受到霜風的侵襲，在秋天裡發出哀鳴。這怎能不讓人"悲來惻丹心，零淚緣纓流"！

多麼羨慕那"臨源挹清波，陵岡掇丹荑"的隱士仙人高蹈遺世，可是"進則保龍見，退則觸藩羝"。進而求仙不可得，退則羈身於仕途，欲罷無由。再看那人生之渺小、生命之不永，如何不令人悲從中來：

> 六龍安可頓，運流有代謝。時變感人思，已秋復怨夏。淮海變微禽，吾生獨不化。雖欲騰丹谿，雲螭非我駕。愧無魯陽德，迴日向三舍。臨川哀年邁，撫心獨悲吒。

四季交變，光陰一去不返，人卻無法回天倒日。那些禽鳥尚能"物化"，人卻不能羽化登仙，怎不令人"臨

川哀年邁，撫心獨悲吒”！於是詩人幻想“採藥遊名山，
將以救年頹。呼吸玉滋液，妙氣盈胸懷。登仙撫龍駟，
迅駕乘奔雷。鱗裳逐電曜，雲蓋隨風廻。手頓羲和轡，
足蹈閶闔開”。在遊仙的快意中，俯視塵寰看到的卻是
“東海猶蹄涔，昆侖螻蟻堆”，空間上巨大的反差愈顯
得人世之局促，以致“遐邈冥茫中，俯視令人悲”！

　　與廣大無邊、無始無終的宇宙時空相比，人間的一
切都是轉瞬即逝，功名利祿更微不足道。為此，詩人對
許由的行為甚為欽慕：“翹跡企穎陽，臨流思洗耳。”
對官位頗示輕蔑，而對玄虛之境充滿嚮往：“朱門何足
榮，未若託蓬萊”，“尋我青雲友，永與時人絕”。其
遊仙詩因此蕩去以往長生求仙的庸俗幻想，不為“遊
仙”而遊仙，更不是為貪圖世間的榮華而求長生，充溢
於詩中的是詩人企望超拔於現實人境的飛揚情思，那是
郭璞洞察幽微的心靈所燭照的別一世界。在那一個世界
裡，只有清逸明朗的自然山水、歸隱山林的高士隱者、
自由自在的仙家神人。在深微玄遠的哲理沉思和遊仙幻
想中，蘊含著他對自由的熱切嚮往。

　　掙脫世網塵羅的約束，追求生命的自由和永生，一
直是人類的夢想。建安士人以建功立業讓生命達至永

恆，漢代遊仙詩的旨趣是以求仙得道而獲得永生。郭璞已不再著眼於眼前的人生，而是祈望生命徹底擺脫現實的約束而獲得絕對自由。因此詩人不僅讚賞許由的高行，甚至對歷來為人所稱道的夷齊之高節也有所不屑。在郭璞看來，夷齊為堅守某種信念而不食周黍，寧可餓死首陽山，這種行為並不為他所取，他要“高蹈風塵外，長揖謝夷齊”！以一騎絕塵的“高蹈”，徹底捨棄世間的所有價值追求和道德捆綁，哪裡還有夷齊的悲懷？更無須像他們那樣退處深山，采薇為生，遑論官場的浮沉起伏、功業的興衰成敗？

　　在郭璞遊仙詩中，遊仙、隱逸、山水、玄言雜糅，詩人也時時往返於人間、山林與仙界之間，有人對此做出種種解釋，事實上這也是郭璞生存狀態和思想軌跡在詩中的映現。

　　遊仙顯然只是幻想。處身於現實，他只能試圖調整自己的心態，這在他的《客傲》中有所表露。《客傲》大體沿襲揚雄《解嘲》、東方朔《答客難》及班固《答賓戲》等散體賦的體式及借主客問答“發牢騷”。當“客”問郭璞有道術為何不能離俗而去？他的回答是：“不恢心而形遺，不外累而智喪。”內心沒有太多想法，自然就忘掉形骸；丟棄所謂的“智”，就不會為外物所累。所以他引用莊子的話說：“不物物我我，不是是非非。忘意非我意，意得非我懷。寄群籍乎無象，域萬殊於一歸。”[10]物我為一，既不肯定是，也不否定非，失意或得意皆不放在心上。宇宙萬物千姿百態，終歸於一。不過，在現實中他終究做不到像莊周、老萊子、嚴君平、梁鴻、焦先等人那樣偃蹇隱淪，或像阮籍那樣昏酣度日，或像翟湯那樣“遁形以候忽”，他只能隱於卜筮之中，神游於他已知的別一世界，所以他說：“吾不能幾韻於數賢，故寂然玩此員策與智骨。”[11]

即使調整心態或隱於卜筮，他還是免不了“俗累”。因為他當不了葛洪，無法求仙成道，超塵脫俗而去。史家說葛洪“性寡欲，無所愛玩，不知棊局幾道，摴蒱齒名。為人木訥，不好榮利，閉門卻掃，未嘗交遊”[12]。郭璞則“性輕易，不修威儀，嗜酒好色，時或過度”[13]。葛洪早期雖與政治有所交集，但不如郭璞介入更深，且及時退而修道，最後“屍解得仙”。郭

[10] 《晉書・郭璞傳》，P1906。
[11] 同上。
[12] 《晉書・葛洪傳》，P1911。
[13] 《晉書・郭璞傳》，P1904。

璞以其才學周旋於權力高層，不幸的是他遇到的又是王敦這樣的強人，未及抽身已命喪黃泉。史家將郭璞與葛洪合論，認為葛洪「全身之道，其最優乎！」言外之意，郭璞擅長厭勝之術不僅違背「前修貽訓」，也失卻全身之道。

郭璞也當不了陶淵明。雖然郭、陶都看清人生的本質，郭知道一切皆有定數，陶也感悟到人生無常。他們的個性也都有尚奇任真的特點，都有詩人的浪漫氣質，都在尋找現實和精神的出路。但比之陶淵明，郭璞門第可能更普通，其父郭瑗曾任尚書都令使，終於建平太守，史籍記載中看不到其可憑依的祖蔭，恐怕連陶淵明「方宅十餘畝，草屋八九間」的退處都沒有。陶淵明擔任的官職都不高，應該說尚未真正進入高層，政治對於他來說並無太多的兇險，他更多是出於「質性自然」而歸隱。

由此推之，郭璞之所以不曾遠離政治，是他逃不了；之所以不去煉丹修仙，他的志趣並不在此，更有可能是他早已知道自己的命運，他別無選擇。在他看來進退出處，榮辱得失，都已註定，正如他已預知自己「命盡今日日中」，「南岡頭」「雙柏樹下」當是他殞命之處，甚至已知行刑者是誰。他對自己一生的路向已有清晰的認識，對死後的安葬也心中有數。所以干寶勸他不要好色，郭璞回答說："吾所受有本限，用之恒恐不得盡，卿乃憂酒色之為患乎？"[14]也就是說，這是他應得的本份，他只能接受這份命運的饋贈。而且，在郭璞的認知裡，山林、田園無不在現實之中，就算他考槃山林、躬耕田園，也依然在"風塵"之內，依然在命運掌控之下，所以他只能游離於人間與仙界之間，釋放其不羈的靈魂。

從傳統的陰陽五行學說來看，人生的一切皆有定數，郭璞是一個知機者，他的所作所為不過是順應天命的安排。天有天數，世有世運，郭璞所讀的是宇宙這本大書，他所洞穿的乃是宇宙人生不可情測的玄機。郭璞對於現實政治的態度，更多是將天命論思想運用於現實，而非僅是出於實際目的的政治運作。對於郭璞來說，天道幽昧，但不是不可知："明道雖若昧，其中有妙象。"基於天人合一觀念，他相信天道不可違逆，人的進退出處皆關乎天意，因此他勸世人"希賢宜勵德，羨魚當結網"，提醒統治者必須順應"自然之勢"，只

---

14 《晉書・郭璞傳》，P1905。

可從善，不可作惡。他之介入政治恐怕不能單純地解釋為受儒家思想影響，或曰他的人生觀是積極有為。說實在，對於郭璞這樣知天命的人來說，討論其思想是儒是道無甚意義，郭璞的認知已沖決以往所有價值觀念的桎梏，直抵生命本身，看到人生的真相——因有限、有待而無甚價值，這是以往許多士子文人的認知所未達至的深度。可以想見，如同他看待夷齊，屈原所堅守的信念恐怕不為他所取，他所嚮往的仙界也不是陶淵明的田園所能替代。

郭璞之出現，可見經歷無數生死考驗之後，文人的心智也在成長，世俗的名韁利鎖已無法完全拘囿他們。他們的目光不斷穿透歷史，穿透人生，變得深邃了。從接受道德信念對人心的制約管束，到參悟在人的意志之外，尚有一個強大的力量在主宰這個世界，大到世事的斡運變遷，小到個人的窮通休戚，無不受這種"天數"的支配。世界的範圍擴大了，它已不再是家國君臣父子的界域所可涵蓋；人們的見識深刻了，認識到在有形的人生之外，還有一個更加廣闊幽邃的時空。誠然，這種企圖探尋宇宙奧秘的思想行為自古以來就已存在，在開天闢地的神話裡，在陰陽家的思維中，都有這方面的認

識。《周易》及秦漢以來流行民間的卜筮星相之術，皆
運載著這種尋微探賾的熱情。及至漢代，道教糅合古代
宗教和民間巫術、神仙傳說和方士方術，吸收老莊哲學
和道家學說及儒學和陰陽五行思想，還有導引辟谷及房
中術等古代養生健身之道[15]，而沛然興起。然而，漢代
充斥著神學氣息的儒道學說，主要著眼於現實政治，以
說明王朝統治的合理性和合法性，如王莽用圖讖篡漢。
要不用以追求長生不死，漢武帝即熱衷此道，漢樂府中
的郊祀歌也充塞著求仙得道的熱望。魏晉六朝時期在
"人的自覺"大背景下，人們對現實人生和自我生命的
價值有更深刻的認識，由自身命運多舛、懷才不遇，導
向探究天道運數與個人的關係，故這時期出現許多探討
關乎人自身命運的文字，比如李康的《運命論》、劉孝
標的《辨命論》。以往"運命"之說總是兼及"五德之
運"，多是政治的運用，六朝人將之與個人一生的得失
成敗相關聯，主體自身的意識加強了，意識到個人力量
之有限，造化能量之無邊，由此更感到人生之短暫，仕
途之狹窄，其中有無奈、有悲慨，但也有了高遠的眼界
和曠蕩的情懷。

15　《中國道教史》，任繼愈主編，P10-19。

在郭璞之前或之後，對天數命運的探究不乏其人，漢代的京房、管輅都是易學大師，但既精通命理之學，在文學上也有建樹者，並不多見，郭璞乃是其中之一。與郭璞幾乎同時的葛洪"在(羅浮)山積年，優遊閑養，著述不輟"，有《抱樸子》、《金匱藥方》、《肘後要急方》著作及碑誄詩賦、移檄章表等。從其流傳下來為數極少的詩作來看，充滿寡淡至極的道味，文學造詣遠不如郭璞。郭璞對宇宙人生神秘莫測力量的領悟，不僅貫穿他的人生，也滲透到他的文學創作，這使郭璞不同於一般的術士、方士，猶如陶淵明有異於一般的隱士。

游仙詩是郭璞玄秘的生命感悟在詩歌文本方面的投射，詩歌的境界提高了，文學的世界擴大了。其"飄飄而凌雲"的遊仙詩境充盈著玄虛高蹈的道玄精神，傳達出詩人所懷抱的幽隱情愫，中國詩歌的內涵為此大為縱深，乃至一直深入到用玄言構成獨特的話語形態——"玄言詩"。

在清理詩歌發展的前後關係時，有人指出郭璞的遊仙詩乃玄言詩"近宗"。不過其遊仙詩既不同之前的遊仙詩，也有別於後來的玄言詩。其"豔逸"的遊仙世界不是在主體精神之外的神仙世界，那個神仙世界原是人們用幻想構築的洞天福地，為世人所共用，因此失意者皆可到這裡放釋自己的精神苦悶。郭璞的神仙世界則是郭璞自我的精神家園，故仙人與隱士共處、俗世與仙境互通，郭璞則將道玄精神將它們相融一體。這個遊仙境界不是與生命主體無關的虛無，而是蘊蓄著郭璞自身對整個宇宙人生的感悟所營造出來的精神世界，在這個世界裡，郭璞不為世俗某種價值觀念所牽絆，獲得在現實人生所不曾有的精神自由。

　　郭璞的知識結構和認知能力顯然不同於眾多世人，通過對天道命理的把握及卜筮手段的運用，使他比常人更能洞見命運的真諦，他只遵從上天的旨意行事，不需臣服於任何權威。大多數讀書人並沒有郭璞這種認知能力，即使在玄意甚濃的兩晉，卻有人不理解、嘲笑郭璞及葛洪這樣在他們看來的“異端”，葛洪就說“世儒徒知服膺周孔，莫信神仙之書，不但大而笑之，又將謗毀真正”[16]。那些恥笑他們的“縉紳”、“世儒”們，其身心甚或思維都局限在這個可觸的現實世界，猶如“不可語冰”的“夏蟲”，至於那些在宦海浮沉的眾生更是在有限的時空中耗盡一生。郭璞這類人物的出現，說明

16　《晉書・葛洪傳》，P1912。

近百年歷史的推進，經歷無數心靈磨難和生命寂滅之悲而自覺的士人，不再以世俗的價值標準丈量自我人生的意義，他們並不安於從中心黜至邊緣的地位，正如他們從來就不甘聽從政治權威對他們命運的控扼。作為詩人，只要他們的詩性是覺醒的，他們的人格也要求獨立。他們執著精神的追求，這使他們終究從邊緣走向無極，在另一個思想維度裡，他們是自己靈魂的主宰者。

　　如果說郭璞在現實中尚受制於王敦，不得不屈身於權勢，那麼陶淵明則是身體力行，不僅脫離了官場，也突破正統價值觀的局限，進入另一個屬於主體自我的精神空間和現實空間。不過，郭璞已然看到現實之外更加浩大的時空，他的意識已脫離現實的束縛，進入一個屬於自己的超現實世界。他的精神已在回歸——不是歸向田園，而是"風塵外"！

　　據《晉書》本傳記載，郭璞與桓彝是好友，即使郭璞與妻子相處也不避桓彝，但郭璞叮囑桓彝，不可在他如廁時貿然闖入，若此則"客主有殊"。誰知桓彝一次酒醉到郭璞住處，適逢郭在廁"裸身被髮，銜刀設醊"，犯了郭的大忌，於是二人皆無法倖免於禍。後人據此認為郭璞其實並非沒有辦法懲治王敦，反為王敦所害，乃因郭璞的"機關"為桓彝所破。明代張溥就說：
"景純則非無術以處敦者也，令桓彝不窺裸袒，生命不
盡日中，勤王之師，義當先驅。其取敦也，猶廬江主人
家婢爾。"[17]或說郭璞得"兵解之道"，並未真死。無
論史書記載是虛是實，關於郭璞的"神話"恰恰說明郭
璞的非世俗性，他的生命不是現實權威所可消滅，而將
是上天賦予他的另一種重生。

　　郭璞終究不能像葛洪那樣"遊德棲真，超然事外"，
也做不到白玉蟾那樣"羽衣常帶煙霞色，不染人間桃李
花"（《臥雲》）。他既不能改變現實，又不能遺世高
蹈，故史家認為郭璞"雖稽象或通，而厭勝難恃，稟之
有在，必也無差，自可居常待終，積心委運，何至銜刀
被髮，遑遑於幽穢之間哉！"[18]其實郭璞的悲哀應是生
而為人的悲哀。"居常待終，積心委運"，那是陶淵明
的做法。陶淵明不是一般人能做到，但能理解；郭璞不
僅是一般人做不到，也難以理解。郭璞以他通靈般的慧
眼看到人世的種種拘限，人活著根本不可能有自由，他

---

17 《漢魏六朝百三家集（二）·晉郭璞集題詞》，上海古籍出版社，
　　1994 年 8 月，P1413-538。
18 《晉書·郭璞傳》，P1913。

只能以"遊仙"或"銜刀被髮"往來於"幽穢之間"，以衝破現實的樊籬。或聽由天命，轉向下一個輪回。

郭璞之死，傳說也非同尋常：死後的郭璞變成"水仙伯"。今天可見到的郭璞墓之一，乃座落在鎮江金山寺周圍的"雲根島"上，毗鄰長江。當年我雲遊至此，看到在亂石堆裡只有一方當地政府樹立的石塊，看不出墳塚的模樣，也沒有墓碑。不遠處，"江天禪寺"香火沸騰，"雲根島"卻無深山高遠之象，亦不似雲起之處，但聞江風鼓蕩，莫不是郭景純的靈魂果真蹈浪遊仙而去也？

孫　綽：托意玄珠

　　東晉是產生陶淵明的時代，但是在陶淵明走進田園之前，還須一段短暫的躊躇。儘管漢魏以來無數腥風血雨將文人一步步推往田園山林，然而在這條回歸的途中，奔逃者畢竟斬不斷與世俗紅塵千絲萬縷的聯繫而顯得去意徘徊。一旦當官的危險不那麼突出，它的好處也就格外誘人。只是赫然的傷疤還在，既想當官，又怕當得太認真而惹出麻煩的晉人，不斷思考著如何協調魚和熊掌的關係，在山林與廟堂之間找到一個最佳的棲身之處，於是有了玄學。魏晉玄學家用相當長的一段時間討論名教與自然的問題，及至東晉有一個大致的結果，即調和名教與自然。身在江湖，心無妨思魏闕之下；山林即廟堂，遊外無異弘內。為了減少奔波之勞碌，在朝做官成了最佳的隱逸方式，所謂“大隱隱朝市，小隱隱陵藪"。不少人在"朝市"與"陵藪"兩個空間浮動往返，減緩了逃往虛空之谷的步伐。精神與物質至此難得地結合一起，無衣食之憂的士人在清談之餘，作起意味深長的玄言詩，於是這時期便有一位應運而生的詩人，他名叫孫綽。

孫綽（314—371），字興公，山西人。他是東晉著名的玄言詩人，在玄言詩興盛時代，他曾也風光一時。他的名聲是隨著玄言詩的消亡而黯淡下去，其人其作自然也因玄言詩的興衰功過而招致後人毀譽不一。但是若以玄言詩的存在決定孫綽的價值，顯然是一種思維悖論，真正的意義在於先有孫綽，才有孫綽的玄言詩，而孫綽的出現既是歷史的必然，也是一種意外。

自魏晉以來，士人大規模逃離俗世瑣務，望空向高，詩境也步步趨向高蹈。人們自不可一日無衣食之資，進而尋求生活層面的享受與精神的自由縱恣，居官處事便成為一種現實的逍遙遊。隨著入世熱情漸漸消褪，情懷漸漸淡泊，功業進取不再被視為人生的最高價值，個人的身心自由才是存活於世的重要理據。人生的本質意義不再是與自我生命無關的抽象概念，生命的價值就是體驗在每一分每一秒都能把握到的真實。精神之酣暢不羈、快活自在，已非常規的思維邏輯或某種觀念所能限制，蓬勃的思考力惟有到玄之又玄的哲學語境裡，才能找到可揮灑的餘地。生命力之充沛完滿與思維能力之蔥蘢勃發，在一切成規盡棄之後，肆無忌憚地揮斥方遒。無數的神童誕生了，許多風神飄逸、氣度不凡的美男子出現了，詩文中繽紛的辭藻、綺美的情思令人目不暇接。旺盛的智力竟逐不僅在現實的"清談"裡淋漓上演，那些智力過剩的詩人名士尚將抽象玄理付之詩歌的聲韻形式，於是詩壇出現沈約所說的狀況："自建武暨乎義熙，歷載將百，雖綴響聯詞，波屬雲委，莫不寄言上德，托意玄珠，遒麗之辭，無聞焉爾。"[1]曾有的刻骨銘心的哀痛淡化了，但是由現實憂患導向對浩茫時空的思考，大大加深了士人對自身處境的認識。在思維空間裡，人們實際上已在回歸，回歸那原初的"一"，回歸造化無邊的"道"。一旦現實烽煙再起，兵戈鐵矛直向生命威逼而至，奔往田園的步履就不再猶疑。

　　玄言詩無非是這時期人們恣肆橫溢的思辯力，向詩歌領域滲透所結出的果實。孫綽於是橫空出世，令人意想不到，又似乎理所當然。

1　《宋書·謝靈運傳論》，中華書局，1974 年 10 月，P1778。

　　史稱"綽少以文才垂稱,于時文士,綽為其冠"[2]。與許多名滿天下的詩人一樣,孫綽的生出本末也有點不同尋常。他降生的時候正是兩晉之交。他的父親孫纂早死,孫綽年紀不大就與其兄孫統渡江[3]。少年孫綽也曾經歷著流離之哀,然而這在他玄意盎然的詩文中卻沒有留下太多的傷痛,唯有一些淡淡的疤痕。往事難以完全抹去,終究成為一段冷靜的回憶:"余以薄祜,夙遭閔凶,越在九齡,嚴考即世。未及志學,過庭無聞。天覆既淪,俯憑坤厚。殖根外氏,賴以成訓。"[4]身陷世網塵羅之中,孫綽同樣不得不經受人生的苦難,但他有與眾不同的能力,那就是從日常的生計瑣事看到它們更本質的意義,這是一種天賦,而不是他的生活具備可以無視人間種種苦難的優越條件。或者說孫綽生活的環境及其所處的時代背景充滿玄虛之氣,以及時人不重現象而重本質、不重物質而重精神,使得現實的哀樂在道境中得到稀釋。世俗的離合悲歡固然讓人動情,人們卻對恍兮惚兮的"道"更加神往不已。

---

2 《晉書・孫楚傳附孫綽傳》,中華書局,1974 年 11 月,P1547。
3 《晉書・孫統傳》有此相關記載。
4 孫綽《表哀詩》,見逯欽立《先秦漢魏晉南北朝詩》(中),中華書局,1983 年 9 月,P897。

孫　綽

　　綿延的歷史現實造就了幾代人的人格模式，這使後代對前代的傳承既有血緣的聯繫，也有文化的因襲，孫綽務虛尚玄的資秉正是來自於二者。他的祖父孫楚為西晉初年人，惠帝時任馮翊太守，卒於元康三年。孫楚若不算當時的大名士，至少也是"真名士"。與當時名士一樣，孫楚是重情之人，除婦服後他作詩以示好友王濟，濟曰："未知文生於情，情生於文。覽之悽然，增伉儷之重。"[5]孫楚的"名士風度"在史籍中也不時可見：當王濟去世，孫楚前往弔唁，兀自痛哭流涕，最後扮數聲驢鳴送別這位平生喜聽驢叫的好朋友，結果招來眾人的訕笑。孫楚則義憤填膺，振振有詞，全然不把常人常規放在眼裡。孫楚的《征西官屬送于陟陽候作詩》則通篇隱括老莊道理，幾乎可看作其孫子所作玄言詩的濫觴。孫楚的遺傳因子甚為活躍，孫綽兄弟成為南渡以後的清談家和玄言詩人顯然與他不無關係。

　　孫綽之為人行事也時有乃祖風範。史書說："綽性通率，好譏調。"大概指他為人曠達坦率，喜歡譏嘲戲謔。《世說新語》中記載不少孫綽遭人譏議之事，並說他"才而性鄙"，認為他有才但率爾成性，不事威儀。

---

5 見《晉書・孫楚傳》，P1543。

此"鄙"有"卑下""粗俗"之意。孫綽大概太不以俗常之事為意，不懂或不屑如何在眾人面前顯示所謂尊嚴，擺出身段，對自己進行一番包裝。他似乎不需要這些。魏晉名士極看重臨危不懼、處變不驚、氣定神閑、從容不迫、含威不怒的風度，所以謝安聞知小兒輩克敵制勝，依然下棋不輟，為眾人所激賞。王國寶等人被桓溫驚嚇得尿了一褲子，自然給人留下笑柄。孫綽臨事不鎮定，難免也被他人看輕。據《世說新語》載，一次，眾人渡江，謝安等人合夥作弄孫綽，他卻不懂得學一學謝安腳後跟被門檻兒絆到仍沒事一般，而是大驚小怪地出洋相。或許孫綽所看所想已至為深遠，世俗層面的所謂風度氣質修養如何，於他來說又有什麼意義？此外，孫綽喜作碑文，碑主多是當時名流高官。碑文除了表襮死者功德之外，也表現作者與死者生前的友情，死者的後代卻不以為然。孫綽的《庾公誄》道："諮予與公，風流同歸。擬量託情，視公猶師。君子之交，相與無私。虛中納是，吐誠誨非。雖實不敏，敬佩弦韋。永戢話言，口稱心悲。"庾亮後輩對此並不買賬："興公作庾公誄，文多寄託之辭，既成，示庾道恩，庾見慨然曰：'先君與君自不至於此'。"孫綽所作《王長史誄》曰：

“余與夫子，交非勢利，心猶澄水，同此玄味。”“王
孝伯（王恭）見曰：‘亡祖何至與此人周旋’。”孫綽
之言可能有點誇大，但為死者撰文，撰者即使一廂情願
炫耀與死者有交誼也無可無不可，孫綽卻為此遭庾道恩
與王恭奚落。孫綽之好為名人作誄，難免“攀附”之嫌，
在當時顯然大大違背了名士該有的做人準則，故史有
“纓綸世務”之說，有“穢行”之譏，清高是談不上了，
“性鄙”也就成了時論，豈不哀哉。然而，孫綽若確實
敬慕這些傳主的人格魅力而為之作文，又何嘗不可？所
幸史家不僅肯定其文冠當時，並且舉其事實：“溫、王、
郗、庾諸公之薨，必須綽為碑文，然後刊石焉。”[6]

　　孫綽所長在於對抽象精神的把握，似乎越為玄虛深
奧的道理，他越能得其奧蘊，越為具體瑣碎的生活細
節，他越不擅長或不屑為之。但他並非完全不重實務之
人，正如對“道”的慧解一樣，他對人生的常理也頗精
通，在大事上，孫綽很有原則性且敢於直諫。當時桓溫
“欲經緯中國”，想移都洛陽，“朝廷畏溫，不敢為
異，……莫敢先諫，綽乃上疏”[7]，而且“與公抗表論列，

6　《晉書‧孫綽傳》，P1547。
7　同上，P1545-1547。

文辭甚偉"[8]。有人認為朝廷官僚，包括孫綽，不願北遷，乃是安於江南舒適的生活環境，也有認為孫之想法比較慎重。但無論不同意桓溫定都洛陽是出於什麼考慮，孫綽抗顏上表足見其勇氣，此可謂壯舉，所以張溥曰："一封事足不朽矣。"《晉書》史臣也評道："綽獻直論辭，都不憚元子，有匪躬之節，豈徒文雅而已哉！"[9]此外，從孫綽為王導、庾亮、溫嶠等人所作的碑銘來看，孫綽極為推許輔國佐君、匡復天下的人臣。這些碑文固然不免溢美之言或諛媚之詞，但是在孫綽的眼中他們都是於國於民有貢獻的人，其實這也是東晉士人所崇尚的人格模式，他在東晉這些丞相、冢宰、太尉、太傅的身上寄託了自己的政治理想和人格理想。孫綽一生雖以玄言詩人名家，卻與這時期許多放達不羈的名士一樣，其骨子裡仍有儒家情結，屬於儒玄道佛兼修的思想人格。孫綽一生在實際政治上無甚作為，於名利也不熱衷，對某種抽象的道德人格的認識倒是具有孫綽個人的特色。

---

8 張溥《漢魏六朝百三家集（二）·晉孫綽集題詞》，上海古籍出版社，1994年8月，P1413-702。
9 《晉書·孫楚傳附孫綽傳》史臣論，P1548。

孫　綽

　　在孫綽那裡或許沒有儒、道、佛之分，只有形而上與形而下、抽象與具體、現實與理想、物質與精神之別。他所要把握的是抽象的原則或精神，而不是具體人生的實際行為。他的所作所為、所在意所不在意的，都是以他所把握的某種抽象原則為圭臬。若只是執著事物表象是不夠的，也不是他所願為；如果為某種實在的目的而為，恐怕更是為他所不屑。《世說新語・言語》中有一則記載，孫綽"齋前種一株松，恒自手壅治之。高世遠時亦鄰居，語孫曰：'松樹子非不楚楚可憐，但永無棟樑用耳！'孫曰：'楓柳雖合抱，亦何所施？'"有人認為此是孫、高二人以家諱相譏，但未嘗不能見出孫綽的襟抱所在。孫之處世並不在"用"或"不用"，這過於功利，難免有限。松之質與楓柳之質根本就不同，而不在於體積上誰大誰小，正如現實中的為或不為也是如此。質即本體，凡是人或物皆須重其材質。尋求精深玄奧之理，遠勝於對紛繁迷亂的現象的把握，孫綽所追求的也就是隱藏在事物背後的根本道理，而不是人世間無憑的風範、氣度、名譽、地位。這使他往往能從大處著眼，不以利祿為意，宅心玄遠，與世無爭，用他自己的話說即"居官無官官之事，處事無事事之心"。世俗的

233

窮通毀譽，孫綽並不為意，何況他人的譏笑。

　　孫綽之隨意作為，不拘小節，應該說是他真正得到玄言精髓並落實到行動的表現，他即使不為當時名流所重，卻成為後人眼中"東晉佛乘文人"最有名者，這絕非偶然。玄理之精深奧妙，若無摒除世間名利的誘惑，深潛其中，則難以登堂入室。孫綽生活在他自己的玄遠世界之中，玄言詩乃是他對大道真理的詩意闡述。我們知道任何人創造的精神產品，都與他的個性旨趣密切相關，所以說文學即人學，不時在顯露人類心靈的秘密，有幾等胸襟就有幾等文字。沉潛在玄遠之境的孫綽，玄言詩自然成為他最樂意選擇的創作形式。

　　孫綽與郭璞都將目光投向現實之外的玄虛之境，並在那裡找到自我精神安放之處。不同的是，郭璞認識到在現實世界之外還有一個超現實的世界，他也相信這個超現實的世界在主宰著現實世界，即使他能往返其間卻不能掌握自身命運，但是他讓人們看到這個超現實世界的存在，現實世界中的各種價值體系或道德標準，在這個超現實的世界裡並無根本的意義。孫綽則熱衷從現實世界所呈現的表象探尋其本質，由此反觀現實的種種表象也只是表象，他所要把握的則是事物的本體。他們從不同層面或角度，揭櫫事物的本質，掀開人生的真面。雖然郭、孫二人都不曾脫離官場，但他們無論從神學還是哲學或玄學，無論從實踐還是理論等方面，都在拓展人們的視野，加深人們的認識，並通過遊仙詩和玄言詩的文學形式，表達他們對宇宙人生之理的領悟，從文學角度為陶淵明的出現做了理論和創作上的準備。

　　從根本上說，遊仙詩、玄言詩、田園詩及山水詩，都是詠懷詩。郭璞、孫綽及陶淵明，他們各自採用遊仙詩、玄言詩、田園詩這些不同的表現形式，所傳達的正是他們不同的關注點：郭璞著眼於超現實的世界，孫綽醉心於玄虛的哲理，陶淵明則立足於現實的田園。陶淵明將天命思想、玄學理論與生活實踐相融合，讓身與心皆回歸自然，其詩作也摒棄枯燥的玄言形式，脫卻對虛幻世界的想象，融入深刻的自我生命體驗，這使其人其作，在鄉間田野，站成一座山峰。

陶淵明：縱浪大化中

　　南朝宋文帝元嘉四年（427），歲次丁卯年九月，天氣已經冷了，南方雖無下雪，卻已有嚴霜。自從老病臥床不起之後，陶淵明知道自己的大限到了。在病榻上他百無聊賴，回憶平生所歷，猶如一場幻夢，亦如床前的酒杯，已經空了──"在昔無酒飲，今但湛空觴"。他只能迎向即將到來的死，他甚至感覺到靈魂正逐漸高飛於塵寰之上，往事一幕幕在記憶中交疊閃現，人生的起結看去如此分明。那麼故事的開端在哪裡呢？是第一次在書中漫遊的歡悅，還是第一次觸摸土地的感動？或第一次忍受饑餓的痛苦？

　　自從懂事起，他就生活在江西潯陽柴桑[1]，那裡山青

---

1 關於陶淵明籍貫，歷來有多種說法，但大體不離今天江西九江周邊的潯陽、柴桑、星子縣等處。

水秀，丘陵起伏，水流宛轉，北臨長江，南有廬山，還有煙波浩淼的鄱陽湖，幾處村落點綴在青山綠水之間。陶家幾代都生活在這片土地上。在古代中國農業社會裡，陶家與其他耕讀傳家的家族大體相同，但又有所不同。陶氏家族中曾有當官的前輩，陶淵明的祖父陶茂就當過太守，官位最高者自然是他的曾祖陶侃。陶侃雖然出身卑微，但憑其自身的努力以及東晉中期的機遇，官任征西大將軍、荊州刺史等，封太尉、長沙郡公。淵明祖父陶茂官階不高，然「直方二台，惠和千里」[2]。唯淵明父親陶敏「淡焉虛止」[3]，未曾入仕。與當時門第顯赫的王謝家族相比，陶家只是寒庶士族，而且到陶淵明這一輩家境甚為貧困，如陶淵明所說「自余為人，逢運之貧，簞瓢屢罄，絺綌冬陳」[4]。

　　雖然從小為貧窮所困擾，鄉間生活卻帶給陶淵明甚多樂趣：農田，村舍，稻菽，半放養的牲畜，天然生長的林木花草，風中總是夾帶著泥土的氣息，有不知名野

---

2 陶淵明《命子》詩，見龔斌《陶淵明集校箋》，上海古籍出版社，1996 年 12 月第一版。本書所引陶氏詩文皆出自此書，此外不再另作說明。
3 關於陶父名字也有多種說法。
4 《自祭文》

花的香味，有稻麥成熟的芬芳，還有四季晨昏不斷變換的雲霞靠霧。閒暇時他更喜歡看天看雲，看飛鳥的身影掠過樹梢，看春風吹綠了麥苗。再望向遠處，天空下的那座高山變換著歲月的色彩，年復一年。除了幹農活，他更喜歡在鄉村的寧靜裡沉思，讀書學琴："弱齡寄事外，委懷在琴書。被褐欣自得，屢空常晏如。"[5]閱讀讓他忘記"簞瓢屢罄"的困窘及耕作之辛勞，在琴書裡作精神的遨遊，思接千載。大自然的滋養及讀書的樂趣和所得，已融入其靈魂深處，以致他後來回憶少時經歷，還想將這份天性和精神資產遺傳給自家的孩子："少學琴書，偶愛閒靜，開卷有得，便欣然忘食。見樹木交蔭，時鳥變聲，亦復歡然有喜。"[6]他的世界觀、人生觀、價值觀也在他浸淫於大自然和琴書中而逐漸形成，他開始有自己的人生設想。

與多數讀書人一樣，功業進取乃是人生的首選目標，年輕時的陶淵明也曾有"猛志逸四海，騫翮思遠翥"的夢想，何況先賢的教誨尚銘記心中，先輩的勳業也在激勵著他成長中的生命，物質匱乏並沒有使他的理想

---

5 《始作鎮軍參軍經曲阿作》
6 《與子儼等疏》

枯萎。但他沒有更多的選擇機會，他不能像門第中人那樣世襲爵位或獲得清顯官職，他極明白自己的家世在當時門閥社會中尚不足以任性而為，就像曾祖陶侃雖然高官厚祿，勳德兼備，卻依然被人輕視。其向慕自然的天性也在隱隱抵觸著仕途經濟，如果不是物資闕如，他可能更願意在自由的鄉間度日。二十多歲成家生子之後，其家境更見窘困，如其所說："余家貧，耕植不足以自給，幼稚盈室，缾無儲粟，生生所資，未見其術。"[7]二十九歲那年（393）[8]，因"親老家貧，起為州祭酒"，即後來他所說的"疇昔苦長饑，投耒去學仕"，但"不堪吏職，少日，自解歸"[9]。當"質性自然"與"吏職"相衝突，他選擇順從本性。此後幾次仕隱反復，其實都是在隨性與從俗之間掙扎。

回到他所熟悉的農耕生活三四年後，又因生計所迫，三十四歲（398）那年進入與陶家有舊誼的桓玄幕下。在桓玄府中一年多，他休假回家探親，享受與親人

7 《歸去來兮辭・序》

8 關於陶淵明的生年（享年）向來有多種說法，本文乃根據沈約《宋書・陶潛傳》所言，即東晉興寧三年（365）至劉宋元嘉四年（427），享年六十三歲。

9 《宋書・陶潛傳》，中華書局，1974 年 10 月，P2287。

團聚的歡悅：“一欣侍溫顏，再喜見友于。”[10]同時也流露對“園林”的眷戀：“靜念園林好，人間良可辭。”次年期滿後他從潯陽老家回到江陵桓府，途中他還是念念不忘故土家山，那裡的山川河流、日月風雲的靈氣已融入其身心，鑄就其自由的個性，他已越來越感到難以適應宦海生涯，仕路奔波並非由心：“閑居三十載，遂與塵事冥。詩書敦宿好，林園無世情”，“如何舍此去，遙遙至南荊。”[11]在返回桓府幾個月後，也就是同年（401）冬天，其母親孟氏去世，按古代規矩，他須辭官回家守孝。在家閑居兩年後（403），他寫下《癸卯歲始春懷古田舍二首》：“鳥弄歡新節，泠風送余善”，“平疇交遠風，良苗亦懷新。”眼下田野上又是一片新綠，春天的氣息那麼熟悉。這塊生養他的土地總是令他不舍離去，可是“先師有遺訓，憂道不憂貧”目前他尚無法做到，因貧窶而不得不仕進。這年冬天除喪服後，他的生活還是難以為繼，如其《癸卯歲十二月中作與從弟敬遠》詩云：“勁氣侵襟袖，簞瓢謝屢設。蕭索空宇中，了無一可悅。”即使此時他想返回桓府，但桓玄已

10　《庚子歲五月中從都還阻風于規林二首》其一
11　《辛丑歲七月赴假還江陵夜行塗口》

經敗亡，劉裕乘勢而起，東晉王朝正滑向盡頭。無論從時局，還是從其本心而論，於進退出處之間他頗為彷徨："遙遙從羈役，一心處兩端。"[12]

第二年即元興三年（404），四十歲這年，他出任劉裕參軍。在《始作鎮軍參軍經曲阿作》詩中他再次表白少時寄情於琴書的初心，雖然"時來苟冥會，宛轡憩通衢。投策命晨裝，暫與園田疏"，但他仍然嚮往自由自在的鄉村生活："目倦川塗異，心念山澤居。望雲慚高鳥，臨水愧遊魚。"只是為生活所困，他不得不再次踏上仕途，惟將深衷隱藏於心底："真想初在襟，誰謂形跡拘。"幾次短暫出仕，他已厭倦這種拘囿身心的差役，已然抱定終究要歸返田園的想法："聊且憑化遷，終返班生廬。"不久，他離開劉裕幕府，轉入建威將軍劉敬宣幕下任參軍，這時他四十一歲，即晉安帝義熙元年（405）。在《乙巳歲三月為建威參軍使都經錢溪》詩中，他再次表示心跡不能兩諧，但初衷不泯："一形似有制，素襟不可易"，"園田日夢想，安得久離析。"似乎每一次短暫的仕履他都在進行為官試驗，不斷加深對宦途的認識，也在對比中更加嚮往自由疏放的田園生

---

12 《雜詩》其九

活，也更知道自己需要什麼。

　　義熙元年三月後，他離開劉敬宣幕府，在"仲秋至冬"這段時間裡，出任彭澤令，八十餘日後卻"自免去職"。這次為官仍是因為家貧，謀生無術："親故多勸余為長吏，脫然有懷，求之靡途。會有四方之事，諸侯以惠愛為德，家叔以余貧苦，遂見用於小邑。於時風波未靜，心憚遠役，彭澤去家百里，公田之利，足以為酒，故便求之。"當時天下始亂，無所適從，在彭澤令任上可享用公田來種秫，用以釀酒。但他很快又辭官不做了。有人說他辭去彭澤令是因為不滿督郵，"不願為五斗米折腰向鄉里小兒"，或因奔程氏妹喪。其實這次與前幾次出仕一樣，都是勉為其難，故"及少日，眷然有歸與之情"。

　　經過幾番或仕或隱的撕扯之後，義熙元年（405）年底，他毅然毀冠裂冕，徹底回歸田園。後人對此有種種解釋，其實陶淵明已經說得很明白了。早年出仕固然不排除"有志獲騁"的想法，但更主要是迫於生計："此行誰使然，似為饑所驅"[13]，"嘗從人事，皆口腹自役。"因此他對自己過往的仕途經歷持完全否定態

---

13 《飲酒》其十

度："誤入塵網中，一去三十年"；"荏苒經十載，暫
為人所羈"[14]；"實迷途其未遠，覺今是而昨非"；"行
行失故路，任道或能通"[15]。最後他之所以義無反顧翛
然而退，歸隱田園，除了外部因素即義熙前後時局已大
亂，更多是其自身的原因：

　　一是緣於其向慕自然的稟性。在出仕為官與隱居避
世之間，他終究選擇順從自己"愛丘山"的本性："紆
轡誠可學，違己詎非迷"[16]，"何則？質性自然，非矯
厲所得。饑凍雖切，違己交病。"[17]這種"質性自然"
既是先天所有，也與其從小生活環境密切關聯，或者說
是自幼生活環境所浸染的結果。廣闊的大自然對其身心
的滋養極為巨大，他是"放養"的，而非"圈養"的。
土地上的萬千氣象哺育著其身心，他就像游走於天地之
間的長風流雲，自由自在，他是在這片廣大空間裡成長
的生物，在大自然中他的呼吸是暢快的，他的精神也是
無拘無束。任何等級、律條、差遣、服從，對他來說都
是壓迫，他的任自然的天性也在這種"放養"的環境裡

14　《雜詩》其十
15　《飲酒》十七
16　《飲酒》其九
17　《歸去來兮辭·序》

243

自足生長，並伴隨終生。何況因枵腹而求仕，非但不能
順從本心，也不能做到固窮守節，因此“恐此非名計，
息駕歸閒居”[18]也就是必然的選擇了。

　　二是讀書讓他突破生物學意義的人而使其精神昇
華，藉此也突破現實的生存空間，拓展視野。在資訊尚
不發達的時代，“得知千載外，所賴古人書”。讀書使
他的思維幅度無限擴大，價值判斷由情感或經驗上升到
理性。在閱讀過程，他領悟到許多道理。首先，從先師
遺訓或先哲智慧中領悟為人處事之理，作為自身立足的
根基。誠然，人情世故不一定通過讀書亦可習得，正如
目不識丁的村嫗野老知道如何遵守人際交往的規則和為
人處世之道，如尊老敬賢孝養睦鄰。但是讀書使他看到
更久遠的傳承，而不僅是經驗的沿襲。讀書將這種經驗
式的處世哲學上升到理論高度，達至對“道”的認知，
由樸素的為人之道擴及對聖賢之道、自然之道的認識，
在此基礎上觀察人生，思考古往今來一些人物的命運遭
際，探索其本質，尋繹其規律，從而進行價值判斷，決
定自我人生的道路選擇。其次，讀書使他不僅瞭解到前
人的經歷，而且對世人所熱衷的為官之道有更多維的審

18　《飲酒》其十

視角度，從歷代為官者的命運看到仕路之艱險，並在縱向的延續關係中，他似乎發現某些規律，這在他的《感士不遇賦》和一些詩作中都有反映。

在《感士不遇賦序》中，他說寫作緣起乃是為司馬遷、董仲舒關於"士不遇"問題所觸動。作為"士"，無論是名士或貧士，進入仕途就有遇與不遇的問題。自古以來讀書人的理想出路即"學而優則仕"，但那些仕途中人實際遭遇又是如何？陶淵明從人的本體存在出發，認為人首先受命於天，故人性本真，作為一個真正的人，"履信思順"、"抱樸守靜"本是應有的"善行"和"篤素"，因為人"稟神智以藏照，秉三五而垂名"。基於此，其進退出處只要順乎本性，無甚高下也無須厚非，所謂"或擊壤以自歡，或大濟於蒼生。靡潛躍之非分，常傲然以稱情"。上古時代世風淳樸，人性葆有原初的純真。三代以後，"真風告逝，大偽斯興"，"物群分以相形"，於是遂有是非、攀比、爭鬥，人性的本真也就喪失或墮落："閭閻懈廉退之節，市朝驅易進之心。"人的自由天性也因朝綱政紀等"密網宏羅"的抑制而被扭曲、扼殺："密網裁而魚駭，宏羅制而鳥驚。"

那些進入宦途的士人，面對的是政治之險惡、仕路之坎坷，即使才學品德超群的人士也難逃厄運。一是"雷同毀異，物惡其上"，越優秀越遭人嫉妒及迫害，所謂"行高於人，眾必非之"，這幾乎是古今普遍的現象。即使內心坦蕩，最後仍蒙受恥辱而被誹謗，或品行高潔卻無人知賞："坦至公者無猜，卒蒙恥以受謗，雖懷瓊而握蘭，徒芳潔而誰亮。"二是即使敬修以"自勤"，不忘一日三省吾身，及時進德修業，時機到了也依然不順。如漢代張釋之"十年不得調"，若非遇到袁盎，仍是"無所知名"；魏尚若非因馮唐向漢文帝進言，當不得赦免。他們最終遇到知己，但皆已曠歲愁苦，耽擱多年。至於"三人成虎"，眾口鑠金，亦有其人。賈誼少年得志，遭一班老臣嫉妒，不得任公卿之位而貶為長沙太傅，以致鬱鬱而終。董仲舒學問出眾，主父偃妒忌他，說他刺譏當朝，幾被處死。後來又遭公孫弘嫉妒，董仲舒擔心再次獲罪，稱疾居家，餘生以修學著述為務[19]。至如李廣，"不愧賞於萬邑。屈雄志於戚豎，竟尺土之莫及"，功勳蓋世卻不得封賞。這些在仕途上躓躓的人們，他們的命運讓陶淵明唏噓不已："感哲人之無偶，淚淋浪以灑袂。"

---

19 《史記・儒林列傳》、《漢書・董仲舒傳》皆有記載。

陶淵明

　　從前人"行止千萬端"的各種遭遇，陶淵明發現兩
種不同的道路選擇、兩種不同的價值觀導向兩種不同的
結果：一是懷才抱德進入官場，卻仕宦連蹇，甚至不得
善終，亦即"何曠世之無才，罕無路之不澀"。品德才
學出眾者，在爭權奪利、殺機四伏的官場，難免遭人妒
忌及迫害，抱負無以施展，甚至遭致殺身之禍，株連九
族。人性之惡如妒賢嫉能、雷同毀異，無處不在，在官
場中由於利益驅動而加倍放大。另一是逃祿歸耕，葆有
人身自由與人格尊嚴。在"密網宏羅"下，"彼達人之
善覺，乃逃祿而歸耕"。這些隱者獨自承繼淳厚的古風，
他們掙脫了名韁利鎖，獲得身心的解放與自由。他從這
些隱士身上看到安貧守道的品德及處世大智慧，他要引
這些高士達人為同道："寧固窮以濟意，不委屈而累
己。"在他的詩文中，這是一個有共同價值取向的群體：
夷齊、商山四皓、黔婁、榮啟期、長沮、桀溺、張釋
之……，他們雖處於不同時空之中，但是他們以強大的
精神合力，與他的心靈相呼應。他看到遙遠的箕山、
商山和易水，在歷史深處向他致意，聽到伯夷、叔齊的
喟歎在他的心壁迴響，以致他要"饑食首陽薇，渴飲易

水流"[20]。這些高尚之士已然成為他一生的精神偶像。

在對自然、歷史和現實的觀察中，他不僅看清世俗功名利祿之不可靠，也看到人生之無常、生命之短暫。處身於大自然之中，看日升月落、寒暑交替、陰晴變化，莫不令人驚歎光陰流轉之速，何況生命無不在無聲消減之中，令人觸目驚心："素顏斂光潤，白髮一以繁"（《歲暮和張常侍》）；"白髮被兩鬢，肌膚不復實"（《責子》）；"歲月相催逼，鬢邊早已白"（《飲酒》十五）；"氣力漸衰損，轉覺日不如"（《雜詩》其五）。如此轉瞬即逝的人生，怎麼不讓人頓生遷逝之悲及無常之感！其詩中故有無數對於歲月遷流的感喟："榮華難久居，盛衰不可量。昔為三春蕖，今作秋蓮房。嚴霜結野草，枯悴未遽央"[21]；"日月不肯遲，四時相催迫。寒風拂枯條，落葉掩長陌。弱質與運頹，玄鬢早已白。……"[22]其《挽歌》三首更是對死亡的詠歎。在永恆的大自然和無常人生面前，世間虛名浮利顯得那麼無足輕重，功業進取亦是無憑，甚至身為帝王也不能葆其性命，遑論江山。道德高尚也不能益壽延年，像伯夷餓

20　《擬古》其八
21　《雜詩》其三
22　《雜詩》其七

死、顏回早夭，都難逃死生之苦。陶詩中遍佈著人生短暫之悲，既是他閱讀歷史、觀察人生所悟，也是他的切身體會。令人不堪的是"日月有環周，我去不再陽"，躲過宦途的明槍暗箭，卻躲不過歲月的"殺豬刀"！

陶淵明最後隱居不仕，不僅是出自其性分之自然，少時生活環境和讀書所得也是他做出這一選擇的兩大根源。他從大自然和書籍中獲得甚多人生啟示，其天賦的自由意志也愈加強烈。前人的遭遇及自身的為官經歷，已讓他看清官場的危患和人性的醜陋。在愈加污濁的官場，不用說"大濟蒼生"的抱負難以施展，連正常的出仕為官也充滿風險，這也是從屈原以來歷代士人所面臨的困境。何況三代以後世風日下，人心不古，當下的社會更令人無所適從，所以他嚮往上古淳樸之世，欽慕真純善良的古人。但他不可能穿越歷史，他只能避開宦海風波，在相對寧靜的鄉村獨善其身，像古聖先賢那樣安貧樂道，傲然自足，抱樸含真，做最本色的自己，過最真實的人生：

　　丈夫志四海，我願不知老。親戚共一處，子孫還相保。觴絃肆朝日，樽中酒不燥。緩帶盡歡娛，起晚眠常早。孰若當世士，冰炭滿懷抱。百

從廟堂到田園

年歸丘壠，用此空名道[23]。

這種生活與尚在宦途中顛簸的"當世士"的人生形成鮮明對照。與那些胸懷大志者相比，陶淵明更願意像聖人那樣"發憤忘食，樂以忘憂"，不知老之將至。與親人相聚一堂，子孫平安，遠離了官場，也無須擔心殃及骨肉，甚或株連九族。在家閒居，自可歡歌樂飲，寬衣緩帶，無須"束帶"見不想見之人。不須上班應卯，自可早睡晚起，悠然自在。那些"當世士"內心終日名利交戰，不得安寧。其實百年之後都要歸葬山丘，何必在意身前身後的虛名？於是，他毅然從官衙歸返田園，從城邑退隱鄉村，也從喧囂回復平靜，那是囚禁於籠中的鳥兒復返自然，擱淺河灘的魚兒重歸深潭。世界只剩下一個田園，田園卻包容了整個天地，在書卷的字行間，在酒漿的魔力下，世界無限伸展向遠方，追隨著夷齊、荊軻、四皓的足跡，回到傳說中的羲唐時代。上古吹來的風拂過阡陌，飄進草屋茅棚，掠過無絃琴，搖動杯中的濁酒，落在他的心坎。千百年的歷史仿佛僅在剎那之間，又仿佛極為漫長，漫長得宛如眼前無休止的田

---

23 《雜詩》其四

園時光，讓人不願打斷。

　　所有榮辱悲歡猶如過眼雲煙，便是生命也在急速消亡。在萬化流轉之中，他無所可為，只能守住根本，順應遷變，保持人格獨立，不受外物奴役，不為任何虛假的價值觀念所誘惑所蒙蔽所羈縛。他極為賞愛松、菊、蘭，那是因為它們具有傲然獨立的品格，猶如“飛鳥”在陶詩中往往寓意著自由意志一樣。其《飲酒》（其四）以“失群鳥”找到“孤生松”暗喻他從最初彷徨不知所往，直至找到安身立命之處：

　　　　棲棲失群鳥，日暮猶獨飛。徘徊無定止，夜夜聲轉悲。厲響思清遠，去來何依依。因值孤生松，斂翮遙來歸。勁風無榮木，此蔭獨不衰。託身已得所，千載不相違。

　　“孤生松”就是人生的本根，在現實生活中它象徵著棲身的田園，在思想層面它意味著人性的本真、人生及事物的本質。在風刀霜劍下，“孤生松”獨立不衰，其持久堅韌的特性，讓人聯想到永恆不變的大道。世間萬物都在不斷變化之中，只有“道”才能作為萬物存在的根本。找到人生依存的根基，就像"失群鳥"找到"孤生松"，所以"託身已得所，千載不相違"！魏晉人往往視"松"為恒常之道的象徵，如殷仲文《南州桓公九井作》詩句"何以標貞脆？薄言寄松菌"。孫綽的《秋日》詩寫山中景象，也將"菌"與"松"並提："撫菌悲先落，攀松羨後凋。"對於這位玄言詩人來說，這不是一般的寫景抒懷，有其深層的寄寓，亦即世事無常無異望秋而落的松菌，而經冬不衰的寒松猶如永恆的大道。孫綽對於松樹似乎情有獨鍾，雖然高姓鄰居對他說：松樹子固然可愛，但永無棟樑之用！孫綽卻認為楓柳雖長得粗壯，又能派什麼用場？在人們的觀念裡，"棟樑之材"通常指能擔負起天下重任、積極有為的人才，但這是儒家的價值觀。在魏晉人眼裡，松的意義並不在此，而在其不懼霜寒、四季常青的特性，一如恒定不變的大道。那些不具備這種品格的"楓柳"之類，即使長得高大又有什麼作用呢？

陶淵明通過讀書瞭解歷史，在實際生活中觀察人生。在對歷史和現實的思考中，探尋人生的本質及終極價值，他明白了什麼是真正的價值，什麼是虛假的價值。他要摒棄虛假價值而把握真正價值，那就是回歸本

真：人性的本真和生活的本真，崇尚自然之道，而不是
將生命浪費在無謂的名利追逐之中，不為外物所累，努
力葆有個人的人格獨立和自由意志，最大限度讓自我身
心獲得解放。

　　陶淵明一生都為貧窮所困："弱年逢家乏，老至更
長饑"[24]，但他一生也都為自由而活。無論利祿誘惑還
是饑凍困擾，或他人的不理解，都不能動搖其徹底歸隱
的決心。他把身心安放在田園，田園中的一切都煥發著
別樣生機，躬耕的勞苦、饑饉以至乞食，都不足以讓他
退縮；老病俱至，也不能動搖他的意志。既然人生的一
切皆不可避免，他就隨順化遷，直面以對，他的精神也
因此獲得最大自由："縱浪大化中，不喜亦不懼。應盡
便須盡，無復獨多慮！"[25]

　　現在，他即將全然放下一切，他要用詩意的語言概
括其一生，向這個人世做最後告別：

　　　　歲惟丁卯，律中無射。天寒夜長，風氣蕭索，
　　鴻雁于征，草木黃落。陶子將辭逆旅之館，永歸

---

24 《有會而作》
25 《形影神‧神釋》

於本宅。故人悽其相悲，同祖行於今夕。羞以嘉蔬，薦以清酌。候顏已冥，聆音愈漠。嗚呼哀哉！茫茫大塊，悠悠高旻，是生萬物，余得為人。自余為人，逢運之貧，簞瓢屢罄，絺綌冬陳。含歡谷汲，行歌負薪，翳翳柴門，事我宵晨。春秋代謝，有務中園，載耘載耔，迺育迺繁。欣以素牘，和以七弦。冬曝其日，夏濯其泉。勤靡餘勞，心有常閑，樂天委分，以至百年。……[26]

其實他早就祛除世俗所有的浮華和拘囿，甚至已摘除自己的社會化標記：「先生不知何許人也，亦不詳其姓字。宅邊有五柳樹，因以為號焉。閑靖少言，不慕榮利。好讀書，不求甚解，每有會意，便欣然忘食。性嗜酒，家貧不能常得，親舊知其如此，或置酒而招之。造飲輒盡，期在必醉；既醉而退，曾不吝情去留。環堵蕭然，不蔽風日。短褐穿結，簞瓢屢空，晏如也。常著文章自娛，頗示己志。忘懷得失，以此自終。」[27]

當你什麼都不是之時，你即是一切。

---

26 《自祭文》
27 《五柳先生傳》

從屈原到陶淵明（代跋）

　　從屈原到陶淵明，這是一條從廟堂或曰官場歸往田園的道路。這一路荊棘叢生、峰迴路轉，時而康莊通衢，時而羊腸小徑，有人浮沉於宦海而不能自拔，有人踟躕於歧路而不知所從，有人滯留山林，與草木同朽，沒世無名。如果說從官場到田園是一段漫長的心靈回歸之旅，屈原和陶潛分別是這條路線上的座標，他們以自身的人生故事，用文學的書寫方式，展示了從官場到田園的心路歷程。從屈原到陶淵明，中國文人從被迫遠離官場，到自覺投身田園，這是一個尋根過程，更是一個生命意識的覺醒歷程。

一

　　屈原與陶淵明相距七百餘年。屈原生當戰國中期，

255

出身楚國貴族，懷王時為左徒、三閭大夫，在楚國政壇上曾叱吒一時，"入則與王圖議國事，以出號令；出則接遇賓客，應對諸侯。王甚任之"。陶潛於東晉之季，官不過州祭酒與彭澤令，因"不堪吏職"、"不願為五斗米折腰"，則解印去綬，名列隱逸。在才幹個性方面，屈原"博聞強志，明於治亂，嫻於辭令"，陶潛則"穎脫不羈，任真自得"，"閑靖少言，不慕榮利。好讀書，不求甚解，每有會意，便欣然忘食"。二人在人生觀、心理狀態、個性特徵、處世方式等方面的差異，概言之，即一進一退，一躁一靜，一強一弱，一醒一醉。

（一）價值取向：屈進陶退。屈原對現實政治是持積極進取的態度，為其理想信念"雖九死其猶未悔"。即使屢被放逐，仍然系心君國，矢志不渝："雖體解吾猶未變兮，豈余心之可懲。"（《離騷》）靈氛、巫咸勸其去國遠遊或隨波逐流，終不為其所取。陶淵明則厭倦官場，甘心退隱："開荒南畝際，守拙歸園田"[1]，"平津苟不由，棲遲詎為拙"[2]，"靜念園林好，人間良可辭"[3]，

---

1 《歸園田居》其一
2 《癸卯歲十二月中作與從弟敬遠》
3 《庚子歲五月中從都還阻風于規林》之二

"長吟掩柴門，聊為隴畝民"[4]。

（二）心理狀態：屈躁陶靜。屈原當理想受阻，便上天入地，求巫咸，問靈氛，叩帝閽，訪佚女，情緒頗為焦慮。陶則天性好靜，"少學琴書，偶愛閒靜，開卷有得，便欣然忘食"[5]；"我愛其靜，寤寐交揮"[6]；"結廬在人境，而無車馬喧。問君何能爾，心遠地自偏"[7]。其《辛丑歲七月赴假還江陵夜行塗口》詩云："閒居三十載，遂與塵事冥。詩書敦宿好，林園無世情。……商歌非吾事，依依在耦耕。投冠旋舊墟，不為好爵縈。養真衡茅下，庶以善自名。"蔣薰評此詩曰："篇中澹然恬退，不露懟激，較之《楚騷》，有靜躁之分。"[8]

（三）個性特徵：屈強陶弱。屈原堅執其理想信念，寧死不屈："忳鬱邑余侘傺兮，吾獨窮困於此時也。寧溘死以流亡兮，余不忍為此態。"故班固謂之"露才揚己，競乎危國群小之間，以離讒賊。然責數懷王，怨

---

4 《癸卯歲始春懷古田舍二首》其二
5 《與子儼等疏》
6 《時運》其三
7 《飲酒》其五
8 蔣薰評《陶淵明詩集》卷三，轉引自龔斌《陶淵明集校箋》，上海古籍出版社，1996 年 12 月，P177。

惡椒蘭，愁神苦思，（強）非其人，忿懟不容，沉江而死……"[9]。洪興祖雖不同意班固說法，但也看到屈原之"強"："今若屈原，膺忠貞之質，體清潔之性，直若砥矢，言若丹青，進不隱其謀，退不顧其命。"[10]陶淵明年輕時也曾"猛志逸四海，騫翮思遠翥"，但他很快看清時局世態，毅然歸耕畎畝，固窮守節。陶自稱"性剛才拙"，也時露"金剛怒目"之容，不過相比於屈原，他更能順物自然。二人個性一強一弱也體現於其作品之中。陳祚明《采菽堂古詩選》卷十四評陶詩曰："其情頗真切，特多弱句，如'悲淚應心零'、'何意爾先傾'、'園林獨餘情'之類，皆不健。公詩真率，每嫌體弱。是時諸家皆務矜琢，琢則遠自然，然自成其古；率則近自然，然每流於弱。"[11]"體弱"雖備一說，但亦是陶淵明個性之反映。

（四）人生態度：屈醒陶醉。屈原自以"醒者"為榮："舉世皆濁我獨清，眾人皆醉我獨醒。"（《漁父》）

---

9 班固《離騷序》，嚴可均《全後漢文》卷二十五，中華書局，1958年12月，P611。

10 《楚辭補注》注引，中華書局，1983年3月，P48。

11 陳祚明《采菽堂古詩選》卷十四評《悲從弟仲德》語，乾隆十三年杭世駿序，清乾隆刻本，P9。

陶淵明卻沉迷於醉："不覺知有我，安知物為貴。悠悠迷所留，酒中有深味。"陶淵明其《飲酒》（十三）云："有客常同止，趣舍邈異境。一士常獨醉，一夫終年醒。醒醉還相笑，發言各不領。規矩一何愚，兀傲差若穎。寄言酣中客，日沒燭當秉。"後人評此詩道："陶公自以人醒我醉，正其熱心厭觀世事而然耳。要之，醒非真醒而實愚，醉非真醉而實穎。"[12]"二客皆非世中之人，而陶淵明尤以醉者為得，誠見世事之不足問，不足校論，惟當以昏昏處之耳。此淵明因取捨之殊而託意於飲酒也。"[13]

思欲進取的屈原卻"信而見疑，忠而被謗"，流放於沅湘之濱，最後投江自盡。陶淵明"少懷高尚"，"不堪吏職"則及時抽身，歸隱田園，及至終老其身。二人在仕途上的經歷，以及最後結局，與他們各自所處的時代不無相關。在戰國群雄奔競的環境下，屈原亟欲楚國強盛甚或統一中國，主張舉賢授能於內，聯齊抗秦於外，一生系心君國，並努力為之而萬死不辭。

---

12 邱嘉穗《東山草堂陶詩箋》卷三，轉引自龔斌《陶淵明集校箋》，P237。

13 馬墣《陶詩本義》卷三，轉引處同上。

陶淵明身處東晉後期，世道衰落，玄風盛行，務虛高蹈
的風氣多少影響其人生態度。他們只能出現在與他們
相應的時空之中，從屈原向陶淵明的轉變，也是歷史發
展的邏輯必然。

　　屈原和陶淵明，代表著兩種人生道路，兩種價值評
判體系。他們都在觀察思考現實、歷史、人生等問題，
但他們的著眼點和所得結論不盡相同。

　　首先，歷史上的君臣關係、士人的遇或不遇問題，
他們都曾有過思考。君主不明、臣子忠而被謗的事例，
屈原從中看到的不是絕望，而是自勉自勵，以忠臣志士
為楷模，堅守自己的信念，甚至迎難而上，不辭一死。
陶淵明也“感士不遇”，從中看到的是世道之不公，所
以“寧固窮以濟意，不委屈而累己。既軒冕之非榮，豈
縕袍之為恥”[14]。何況人生短暫，功名利祿又算得什麼：
“山河滿目中，平原獨茫茫。古時功名士，慷慨爭此場。
一旦百歲後，相與還北邙。”[15]由於看穿人世的風雲變
幻，政治的乍生乍滅，陶淵明不再將自我生命虛耗在無

14　《感士不遇賦》
15　《擬古》其四

謂的名利競逐之中，“遂盡介然分，拂衣歸田裡”[16]。

其次，屈原和陶淵明都面對人生無常、生命短暫這個千古不變的事實。屈原感歎“老冉冉其將至”，“歲匆匆其若頹兮，時亦冉冉而將至”（《悲回風》）。陶淵明更是感慨“從古皆有沒，念之中心焦”[17]；“人生無根蒂，飄如陌上塵。……盛年不重來，一日難再晨”[18]。共對人生終極問題，同懷遷逝之悲，屈原不是由此了悟人世之虛幻無憑，從而掙脫世網塵羅而求得精神的自我超越，他卻更加執著於事功追求，甚至愈加急迫，以至不惜犧牲個人的一切。陶淵明則由此感悟人生，尋找自我安身立命之所在——“養真”、“立善”，在生命之環的急速運轉中，順應自然規律，樂天知命：“何以稱我情，濁酒且自陶。千載非所知，聊以永今朝。”

此外，由於未能看清人生本質，屈原始終感到困惑，甚至痛苦，抱怨世莫我知，歎嗚忠而見疑，對政治對人生都頗為失望。陶淵明沒有這樣問題，他連死後“他人亦已歌”都料到了。屈原也在尋找精神出路，也

---

16 《飲酒》十九
17 《己酉歲九月九日》
18 《雜詩》其一

想"歸",但是他所要歸去的不是精神的家園,而是現實的"故都":"羌靈魂之欲歸兮,何須臾而忘反。背夏浦而西思兮,哀故都之日遠。"(《哀郢》)故國家山承載著他太多的想望,在舉足別無出路之時,他只能向故土的方向張望。陶淵明則要返回自我內心,歸根復本,回到現實與精神的故鄉:"提壺撫寒柯,遠望復何為。吾生夢幻間,何事紲塵羈。"

屈陶之相異的人生選擇,除了時代原因之外,還在於屈陶二人的個性氣質、價值觀念及處世方式等方面皆不相同。屈原自詡出身高貴,個性孤傲,其眼界和心氣極高,不能忍受現實之污濁,更容不了奸邪之人。陶淵明則甘居社會底層,過著最普通的農耕生活,他的眼光一直是平視的,甚至必須弓腰俯視土地,由此他更能看清人生最深層的無奈。其次,屈原的人生選擇是外求的,非求諸己心,其得失進退均取決於外部環境和條件,所以他有諸多希望皆投向外部:希望得到君王垂恩,希望得到他人認可,希望外部環境能助其實現人生理想。當外部條件不具備或產生排斥力,尤其為王朝正統所拋棄,他的價值體系就分崩離析。這種外求的心理是由其價值觀所決定,因為追求事功,就需親近政治，借助外力，這些並非個人意志所可控馭，從而產生痛苦。陶淵明則內求於心，他知道外在一切都是無憑，都是無常，甚至人活著也不可靠，所以不如安貧樂道，及時行樂，但求自我內心的知足平靜，這也是與其樂天知命的人生觀相關。

然而，屈陶也有相同之處，他們都是真詩人，其人格都具有極高的純淨度，只是一進一退的價值取向，決定了他們人生的不同道路及結局。他們也都有堅定的信念，當他們遇到精神困擾，都曾得到“漁父”或“田父”的指點，但是他們都沒有聽從勸告，無論進退，他們都堅守自己的信念，保持自我人格的獨立尊嚴。這也是他們之所以能夠成為偉大詩人的根本原因。

二

屈原是第一個有名字的詩人，也是第一個用文學抒寫自我內心世界的詩人。然而，屈原首先是政治家，參與現實政治是他的抱負，報國效君則是他的人生使命，文學只是他政治失意之後的“餘事”，這使他與後代文人有所不同：一、具有強烈的使命感和為國獻身精神；二、具有“修身”、“修己”的自律意識和堅強意志；

三、具有積極入世的人生觀，為固守其理想信念矢志不渝。不同於後代文人往往進則儒，退則道，與世卷舒，進退去取有較大的迴旋空間。因此，當歷史的給定性與其價值觀產生激烈衝突之時，他無法妥協或轉向，惟有赴死。

屈原的悲劇來自兩方面：一是自身的悲劇，二是歷史的悲劇。屈原有宏大的政治抱負，渴望在報效君國的同時也實現自我人生價值，這恰也是他的一種局限。他無法突破自己劃定的價值範疇，執著於自我的理想追求，以致最後走投無路。屈原時代，天下尚未一統，士無定主，競相周遊列國，尋找政治機遇，屈原卻執意留在楚國，因此屈原的餘地就極為有限。在這個群雄奔競的時代，大到諸侯，小到一介士子，都想施展一番抱負，如孔孟之徒，也曾四處奔走，推行主張。即使像莊子之輩捨棄世俗名利，也依然著書立說，發表對於社會政治的看法。這是一個有志之士有所作為，卻未必是失意者可以安身立命的時代。莊子的影響力此時尚未彰顯，人們承載著沉重的"行道"使命感，個人價值只體現在殉道之中。屈原更是無法超越這個價值畛域。

從屈原到陶淵明，士人與政治的關係，士人的人生目標、思想觀念都發生重大變化，這是一個個體生命意識覺醒的過程。

一是士人地位的變化，即從政治中心趨向邊緣。漢代察舉征辟的選官制度，逐級拔擢，按等錄用，已形成一套官僚生產機制，平流進取者未必都有自我價值實現的自覺意識，在專制集權的強大壓制下，但求自保祿位，已逐漸失卻先秦"士"的道義擔當精神，《史記》中的石奮一家即是如此。他們大多沒有可以示人的文才，只是恪守職責的官員，或是仗勢欺人的酷吏。他們是官僚隊伍中的大多數。即使有一些清正忠直的臣僚，也未必得到應有的善待。因此那些秉持先秦"士"之精神的精英人士，由於自我價值認同的危機感，或為了保持自我精神的自由，逐漸遠離政治中心，被動或主動地退至邊緣，特別在兩個朝代交替之時，他們更是對現實政治保持一定距離，比如嵇康、阮籍。

二是士人心理的變化。秦漢大一統帝國建立，四海之內，安如覆盂，"士無定主"的局面不復存在。士之命運莫不受制於王朝綱常或君主的好惡，"用之則為虎，不用則為鼠"[19]。士的作用愈見其微，其弘道的使

19《漢書·東方朔傳》，中華書局，1962 年 6 月，P2865。

命感在減弱，其"弘毅"的精神內質也趨於弱化。謀士、俠士、義士，或勇士，都因歷史環境的變化而漸至消失，文士、名士、隱士則應運而生，正所謂"原其無用亦所以為用，則其有用或歸於無用矣"[20]。在實際政治中，身兼朝臣與文士雙重身份的人有之，但多數人熱衷仕進，真正以弘道為己任、有所擔當的士人則有限。尤其身當亂世，朝膺軒冕之榮，夕遭滅族之禍，所有的權勢財富尊嚴無不灰飛煙滅，忠君報國的宏願更是無從實現，於是"與時舒卷，無蹇諤之節"[21]，"志在苟免，無忠蹇之操"，"不以經國為念，而思自全之計"[22]。作為文士，當他們在仕途上走不通，或在道路選擇時茫然不知所往，則用文學慰勉其心靈，抒寫內心苦悶，這基本上沿襲了屈原的路徑，不同的是他們已缺少屈原式的執著，道不行也不會捨命相從。他們依然在抱怨自我理想無法實現，同時也不得不在宦海中浮沉及至沒頂。

　　三是士人思想觀念也在悄然改變，人生追求即從儒家修齊治平轉向道玄適性自得。人們的眼界不再為王朝

20《後漢書・方術列傳》，中華書局，1965 年 5 月，P2725。
21《晉書・王戎傳》，中華書局，1974 年 11 月，P1234。
22《晉書・王衍傳》，P1237。

綱常所拘圍，儒家積極入世的人生觀不再左右著士人的價值選擇。東漢以後儒家學說衰微，道家思想興起，玄學盛行，使得文人名士的思想空間擴大，既然不能"兼濟天下"，至少做到"獨善其身"。儘管多數人是在失意時以老莊為慰藉，並非真正服膺道術，但儒學已然失去其獨尊地位，比如歷來讀書人最看重的"名"，逐漸變得不太重要了。孔子說"君子疾沒世而名不稱"，魏晉習儒之人雖有視名為重者，如杜預"好為後世名"[23]。張翰卻聲稱"使我有身後名，不如即時一杯酒"[24]，陶淵明也說"去去百年外，身名同翳如"。由注重身後名到但求適性自得，崇仰道家高蹈遺世的人生境界，著眼於生命自身的存在價值和自我精神的自由解放，而無意於外在的價值評判，讓困守在名利場之是非得失中的士人，開始正視自我生命的真實存在，並以文學的書寫方式展示他們心靈蛻變的印跡。

文學的自覺，文人的出現，固然是歷史發展的必然結果，但從士人心態史發展進程觀之，這也是士人價值

23《晉書・杜預傳》，P1031。

24《世說新語・任誕》，見徐震堮《世說新語校箋》，中華書局，1984 年 4 月，P397。

取向由外轉內、精神不斷超越的過程。文學成為"苦悶的象徵",記錄了人們艱難的心路歷程。屈原之後,先唐文學史基本上是一部文人士子突破傳統價值觀念、尋求自我精神解放的歷史,也是士人從政治中心黜退至權力邊緣、從官場回歸田園的過程,同時也是文學精神、審美追求日趨獨立自覺的過程。直至陶淵明出現,基本上完成了士人之現實和精神的雙重回歸。

三

　　逃離官場,追求自由,最初並不是一種自覺的意識。人類脫離自然之後,構建了社會並制定各種法則,及至發明道德倫理以協調人與人之間的關係。當原始的群居形式解體,文明發展到一定程度,以血緣為紐帶的"家"及家族產生了。社會和家庭給人以依託,但家族中的種種關係和家族中人所承擔的責任和義務,也使個體的自由失落,尤其是專制集權之建立,個人意志逐漸被國家意志所統御。當人們意識到專制政權對個人自由意志的壓迫,人們不得不深陷痛苦之中而茫然不知所往,或為恪守自己的信念以死相從。不過,自伯夷、叔齊選擇不食周粟,寧可餓死首陽山,到屈原不願與世俗仰，寧可自沉汨羅江底，都能看到堅定信念所蘊含的巨大力量。當現實政治的明槍暗箭一再向生命威逼而至，這種強大的精神力量終將推動自由意志的進一步自覺。

在儒家思想長期佔據主流的社會裡，“學而優則仕”已成為人們根深蒂固的價值觀念，出仕為官幾乎為所有有望進入仕途者的不二之選。讀書的實在目的乃是為官，這既是自我期許，亦是家族的厚望。因為入仕為官就有預期的諸多機遇，於私而言可以光宗耀祖，於公而言可以報國效君；就小處來說能滿足個人或家族的虛榮心，就大處來說則實現自我人生的價值，甚或治國安邦，兼濟天下。故而權勢、榮華、聲名向來為世人所垂涎。另外，由儒家忠孝觀念影響及封建體制所決定，也形成對權威的崇拜或臣服心理。

隨著專制集權建立且日趨強化及官僚政治之腐敗，士人愈益感到生存空間之逼仄，原先所懷抱的理想逐漸落空，故有東方朔、揚雄、班固的喟歎。為了爭權或只是爭寵，人性的惡也袒露無遺，無數權力之爭所伴隨的傾軋、殺戮，尤其易代之際的血腥殘殺，致使眾多士子文人相繼覆亡，即使高官大臣也不能倖免。身家性命都難以保全，遑論宏大的人生理想？原來信奉的價值觀

269

被顛覆,卻找不到精神出路,更沒有權威可以依附,於是便有阮籍的痛苦,嵇康、潘岳和陸機的悲劇也就不可避免。當人們終於發現人生許多虛假的價值在官場中被放大,人性的諸多欲求也藉權力而極度膨脹,人們於宦海中沉浮,不得不仰人鼻息,而以犧牲自我人格尊嚴為代價,於是就有蔡邕"逃離"的心理。

　　人生而自由,卻無往不在枷鎖之中。最初逃往山林草澤,或是為了躲避戰亂,或是為了重獲自由。無論如何,將自我放逐於山澤湖海,遠離社會和家庭,遠離官場,棲隱山林,不僅要捨棄世俗的種種實惠,還要有堅定的意志和耐苦的毅力。當許由、巢父,以及諸多名不見經傳的隱士,在山林江湖之上望著廟堂的屋角,望著俗世的尊顯和浮華而自我放逐,芸芸眾生正在紅塵熱浪中相互取暖。顯然屏居山林、浪跡江湖的生活不是常人所能忍受,理想信念更不是常人所能堅守,若非不得已,沒有人願意放棄紆青拖紫的利益誘惑而投身山野草澤。張協在陶淵明之前邁出了這一步,並留下詩作,但更多隱逸者的行蹤卻湮沒於蠻荒之中。

　　隱士們遠離人群,他們似乎自由了,但因物質匱乏甚或精神孤獨而陷入另一種境地,何況還有無處可逃的生老病死。如何最大限度地既葆有個人身心的自由，又不為嚴酷的生存環境所困，尤其能自我實現，即實現自我的整個人格，積極地表現自我情感與心智潛能，堅守自己的信念並付之行動，已成為尋求現實和精神出路的人們所面對的問題。因此陶淵明及其"田園"的出現具有非同尋常的意義。

陶淵明在中國思想史和文學史上的意義，在於他為世人指出兩條出路：一是現實的出路，遠離官場，歸隱田園。二是精神的出路，超越人生，回歸真我。

其一，在現實中，陶淵明開闢出一條新路，也是一種新的生活方式。他仍然"結廬在人境"，但不在體制內討生活。透露著人間溫暖的田園取代了寂寞的山林，這裡有俗常的人生，有雞鳴狗吠，有炊煙爐火，有濁酒新醪，有秋菊寒松，有飛鳥停雲，有清琴古書。這裡是他的家園，他所脫離的是官場的爾虞吾詐、擠壓傾軋；所避開的是市朝的塵囂，回到生活本有的形態。遠離官場，尤其是放棄所謂的自我價值實現欲求，他也就沒有屈原的火氣。他的心和他一起回家，所以他沒有世俗中人的不滿不甘，沒有亟欲擺脫困境者的急躁抱怨，他的心安放在田園，不再流浪。田園的一切，都是他的親人。這種"結廬在人境"的生活與"結宇窮岡曲"不同，無須在荒山野嶺與"澤雉"、"寒猿"為鄰，鄉村淳樸的自然和人文生態環境既保證基本的生活所需，也沒有複雜的人際關係，使其身心獲得最大的自由，及至進行創造性的文學活動。以文學的形式展現田園生活中的物質和精神內容，為此村居生活也得到審美的超越，這使陶淵明的田園不僅有別於廟堂，甚至也有別於山林草澤和江湖，而具有精神價值。

其二，如果說"結廬在人境"是現實的出路，"心遠地自偏"則是心靈的安頓，也是"結廬在人境"的前提條件，唯有"心遠"才能安居於"人境"。陶淵明之前，眾多士子為實現所謂的人生理想和政治抱負，不得不於宦途中顛躓，不得不壓抑自我個性，甚或失去人格的尊嚴，精神不得自由。陶淵明則在村居生活中安頓自己的身心，掙脫功名利祿的羈絆，參悟人生，存真為善，安貧守道，讓自我精神獲得最大的解放。正如弗羅姆所說："我們對擺脫外在於自己的權力，不斷獲得更大的自由而欣喜若狂，卻對內在的束縛、強迫和恐懼置若罔聞，它們會削弱自由戰勝傳統的敵人獲得勝利的意義。"[25]陶淵明之偉大，在於以往為世人所崇奉的價值觀已不再是捆綁其心靈的枷鎖，只要物質上有基本保障，甚至沒有保障，同樣擁有精神"積極的自由"。但有薄田數畝，草屋幾間，菊花一叢，南山一座，足矣。物質生活是有限的，精神世界卻無限延伸其邊界：在夏季午後的北窗下，在春天的田疇間，在雨天靜夜的思緒裡，在郊外的墳頭、廢墟，在翻開的書卷上，在酒漿浸入心頭的剎那，在無絃琴漫布天宇的大音中……，都是其神思漫遊之處。

　　廟堂（官場）與田園，或魏闕與山林，大體代表著入世與出世兩種人生取向，這是歷史演進過程逐漸形成的兩種價值體系。逃離官場的動力往往來自對現實或政治的畏懼及厭倦，或對人生的了悟，或對自由的渴慕。即使是陶淵明，在走進田園之前，也有過徘徊和反復，終於他不再懷揣屈原、賈誼式的幻想，不再迎向嵇康和陸機所面對的鋒刃，掙脫阮籍陷入其中的夾縫，完成蔡邕未遂的逃離，將郭璞和孫綽的玄虛世界化為現實中的桃花源，斷然回歸田園，不再回頭──"託身已得所，

---

25 弗羅姆《逃避自由》，劉林海譯，國際文化出版公司，2002 年 8 月，P76。

千載不相違"！

　陶淵明其人其行對於今天的啟示至少有四方面：

　一、從最切身的生活出發，注重自我的生命體驗，在現實中踐行其理想信念，感悟人生。與以往或以後的士大夫文人不同，陶淵明所站立的位置遠離權力中心，所看到的自然是不同的風景，他所面對所感受的也是極為鮮活、素樸的生活。農事勞作，靠天吃飯，使他對生活艱辛有最真切的體會，也領悟到自食其力的重要性。田園生活沒有固定收入，沒有不得不應對的人情世故，每天觸摸到的是土地及土地上的風霜雨露，所見所聞都是最俗常的鄉村景象。在田園中耕作、把酒、賞菊、串門，甚至"乞食"……，那是沒有光環、沒有名利、沒有榮耀遮蓋的人生，也是最真實的人生。站立在人生的邊緣，也最容易看清人生的真面，還原人生的本色，這是其思想和文學都具有極深厚、豐沛內涵的現實基礎。

　二、認識人生的本質。陶淵明已然了悟天命運化的道理並順應其規律。並不是所有人都能領悟天道運行的玄機，陶淵明則根據自身的生活體驗，通過讀書瞭解歷史，觀察現實，思考宇宙人生及社會的根本問題，從中悟到一切都是無常，當官者一定會有不當官的時候，活著人必定有死去的那一天，喧騰熱鬧終歸於沉寂，繁華易散，盛景難留。一切都會消逝，一切也都不長久，那麼，功名利祿又何足道哉，甚或遺愛人間也不足為意。道德倫理綱常並不能改變人生無常的事實，權勢也不能使人益壽延年，因為有生就有死，有得必有失，有聚就有散，悟透這一切，用陶淵明的話說就應該“委運任化”，委身於運命，任其化遷，“居常待其盡”。

　　三、順應自然之道。這個“道”既是天道，也是人道；既是聖賢之道，也是生活之道和為人之道；既是萬化運轉的規律、宇宙自然人生的真理，也是為人立身處世的基本原則。“有生必有死”，“歲月有常御”，這是自然之道。“人生歸有道，衣食固其端”，“民生在勤，勤則不匱。宴安自逸，歲暮奚冀”，這是生活之道。萬物莫不在辛勤勞作中自足生長，好逸惡勞、不勞而獲都是違背天道運行的法則，所謂有耕耘才有收穫、“天道酬勤”，說的都是這個道理。天道是樸素的，人性的本真也應是淳樸的，這是人性的“道”。但是世俗的利欲蒙蔽了人原有的天真，泯沒了人的本性，造成社會各種矛盾衝突。在“真風告逝，大偽斯興”的時代，他不僅要遵循古聖先賢之道，更要遵從任性自然的本心，固窮守節，樂天知命，抱樸含真，傲然自足。

四、超越人生。在物質匱缺或沒有保障的生存條件下，安之若素，堅守自我人格獨立和精神自由：「環堵蕭然，不蔽風日。短褐穿結，簞瓢屢空，晏如也」——這就是超越，精神的富足與自由超越了物質貧乏。其次，追求自然真樸的人生境界。俗常的人生為種種欲念、名利及虛榮所纏縛，陶淵明則祛除這些外在的浮華與幻象，還原人生原初的純淨和真實，歸返上古羲唐之世和「桃花源」的精神故鄉，汲取古聖先賢的精神源泉。即使現實不是真空世界，他的精神已不為世俗的塵埃所掩埋。再次，以文學的形式賦予田園生活以詩意。身居田園，每天過著朝耕暮宿的生活，間有南山闖入眼裡，偶有菊花開在籬邊，清風吹進茅屋，掀開書卷，拂動琴弦……，這些日常生活在他的筆下都予以詩意的昇華，含蘊著理性沉思。即使人生無常，所有平凡的日子已得到審美的超越，在詩歌裡獲得永恆。

四

一聲長長的「歸去來兮」，也是七百多年前莊子的

回聲。遠方的莊子在同時代屈原那裡擦肩而過，卻在晉
宋之際與陶淵明相遇於田園。

在中國思想史、文學史和精神史上，陶淵明可謂莊
學的繼承者和實踐者。莊子學說的核心是"因任自
然"，陶氏完全承繼了莊子的精神基因，並由此輻射向
對自我、社會、人生等方面的認識：對於個人，則"質
性自然"；對於理想社會的憧憬，則是上古淳樸之世；
對於人生的老病生死等自然現象，皆順其自然，"聊且
憑化遷"。至於莊子所強調的"無為""無用""虛
靜"，都可見於陶淵明的人生實踐和思想旨趣，其一生
進退出處都表露出"崇尚自然"的深衷，不為外物所累
而與大化同流，在自然萬化中求得生命的安頓，從而獲
得精神的大解放和自我存在的真價值。

如果說縱向上陶淵明繼承莊學精神並踐行之，橫向
上陶淵明則受到魏晉以來道玄思想的影響並有所揚棄。
陶淵明所遵從的"道"，既是儒之"道"，也是道之
"道"。魏晉玄學在理論上糅合儒道，陶淵明則在實踐
中融合儒道，並萃取儒道兩家的超越性價值，融入其現
實生活。儒家注重道德修養，強調道德自律，其著眼點
在現實人生，尤其看重事功，但儒家"憂道不憂貧"有

其超越性。陶淵明在其人生實踐中既有儒家安貧、樂道、立善的作為，更有道家因任自然、見素抱樸的思想。其仰慕的古聖先賢，或是貧士，或是俠士，或是高士，都兼具儒道兩家的人格理想。其嚮往的社會也是兼具儒道理想的淳樸和諧社會。"桃花源"則更接近老子的"小國寡民"和莊子的"無何有之鄉"。

陶淵明吸收了儒道兩家的思想，但其精神內核仍屬於道家，這與魏晉玄學"外儒內道"有所相似，為時代環境的產物。不同於兩晉士大夫文人務虛高蹈，陶淵明則是腳踏實地，身體力行大道的真義，這也是對魏晉名士望空向高做派的一種修正。陶淵明賦予莊子學說以實踐意義，將莊學精神人生化、生活化，這使陶淵明迴別於其他士大夫文人，甚至莊學的追隨者。在後代受莊學精神沾溉的詩人作家中，幾乎都能看到陶淵明的影子，而他是那麼鮮活、平實而生動。

正如莊子所宣導的任自然那樣，陶淵明的生存方式和精神追求都努力應和著大道的節律，其人生體悟已達至"道"的境界，也深入把握到人生的本質。其詩文創作同樣達到這樣的高深之境，所謂"絢爛至極歸於平淡"或"鉛華銷盡見天真"。其語言雖平淡，情思卻極為蘊藉有深致，猶如土地一樣樸素而豐富，也像美酒一樣淳厚而雋永，後代詩人無法兼具其全部，故沈德潛道：“陶詩胸次浩然，其中有一段淵深樸茂不可到處。唐人祖述者，王右丞有其清腴，孟山人有其閑遠，儲太祝有其樸實，韋左司有其沖和，柳儀曹有其峻潔，皆學焉而得其性之所近。”[26]

　　陶淵明以最本色自然的姿態站立在歷史之中，其生活方式、思想精神、文學成就，皆非後人所可複製或超越，因為後人很難像他那樣投身田園，親炙土地，平視人生。陶淵明又不同於普通的農民，他在從事農業勞動的同時也在讀書思考，觀察歷史和現實，並以文學的形式表達他對人生的體會。他也不是一般的隱士，更不是身居廟堂且心纏機務的官員，甚至也不是吟風弄月的文人。但他既是農夫，也是隱者，更是詩人，也曾是一名官吏，多重身份造就他獨特的角色定位：一個身心都掙脫世俗觀念纏縛的自由人，沒有功勳，沒有權勢，沒有驕人的鴻篇巨著和激勵後昆的訓導教諭，他只是平實地活著，真誠地袒露自己的情思，感悟生活的點滴悲歡，

26 沈德潛《說詩晬語》卷上，見《清詩話》下冊，王夫之等撰，上海古籍出版社，1978 年 9 月新版，P535。

說出他所看到的人生真相。他從未忘懷世事，但他的精神已遠離凡庸，達到審美的超越。遙遠的官場，熱鬧的市朝，是他旁觀演出的舞臺，看一幕幕劇出鑼鼓喧囂，終究免不了戲終人散的收場，唯有田園的菊花在悄然開放。

　　千百年後，在科技高度發展的今天，人們越來越遠離自然，摩天高樓、大道通衢已難聽到雞鳴鳥唱，即使菊花還在頹敗的鄉村怒放，已無人知賞。為生計而奔波的人們，早已沒有陶令的心境。相比於今人，陶淵明未嘗不是幸運的：首先，他有安頓自己身心的自由，決定自己的進退取捨，或仕或隱沒有人干涉他的選擇。其次，他一輩子生活拮据，但尚有一方土地容身，"方宅十餘畝，草屋八九間"，甚至還有多處田舍，既可耕作，亦可棲居。再次，其人身是自由的，沒有"密網宏羅"讓人無處可逃，他只要聽從天老爺的安排，不須看誰的臉色。今人就不同了，尤其城市人無不在體制中掙扎，不僅無可退之處，"五斗米"就可以斷你生路。思想或精神的自由對於今人來說似乎是奢侈品，多數人生活如同"一地雞毛"。若在非常時期，更有"獨尊思想"試圖鉗制你的大腦，不許有旁逸之思，甚而連正常言論都不能發表。精神控扼，人性壓迫，不用說哲學層面的自由意志，連社會層面的公民自由、言論自由、人身自由都未必獲得。而且，"今天，人成為大機器的一個齒輪，成為一個機器人，生命變得空虛無聊，失去了意義，這個事實所造成的痛苦遠遠大於貧窮造成的痛苦"[27]。在這個煙火人間，"詩與遠方"很遙遠，無謂的悲歡卻將你環抱，田園已是不可復返的夢境。

　　即使在陶淵明時代，物質的田園也不是淨土，那裡沒有嚴格的尊卑貴賤等級，沒有不得不遵從的"叢林法則"，沒有人間的種種榮辱，甚至沒有必須維繫的道德依存關係，沒有官場中所有的醜陋、險惡，卻依然有人世的諸多不堪。如果僅是為了逃避官場，田園之後還有江湖，還有歌樓，還有梁山。但江湖上風波四起，歌樓中酒醉金迷，梁山內依然爭權奪利，更有人身在江湖，依然心懷魏闕。哲學家認為這是因為"心"不曾安。

　　然而，"心安"不單純是個體的心理問題，更與現實社會有密切關係。正如弗羅姆所謂："心理問題是與人類生存的物質基礎、社會經濟、社會及政治結構密不

---

27 弗羅姆《逃避自由》，劉林海譯，P197。

可分的。遵照這個前提，積極自由及個人主義的實現與經濟社會變化是密切相連的，經濟社會的變化允許個人在實現自我上獲得自由。"[28]因為"社會不但具有壓抑功能，而且有創造功能。人的天性、激情和焦慮都是一種文化產物；實際上，人自身就是人類不斷奮鬥的最重要的創造物和成就，其記錄便稱之為歷史"[29]。當社會政治經濟發展尚不能為自我實現的自發活動提供條件，真正的自由也就難以獲得。

中國社會政治經濟發展有其自身的歷史進程，與西方民主社會不甚相同。相對於現代社會，中國古代社會個人尚有較多的人身自由，人性也更為淳樸，在特定的歷史階段，特殊的思想背景下，一些自我已然覺知的人們尚可尋獲身心的自由。魏晉時期正是個性張揚的時代，湧現出一批特立獨行的人物。這正應了約翰‧穆勒在其《論自由》一書中所言："天才只能在自由的空氣裡呼吸和存活。"[30] "只要在其統治下還存在著人的個性，

28《逃避自由》，劉林海譯，P194。

29 同上，P8。

30 〔英〕約翰‧穆勒《論自由》，彭正梅、柏友進譯，上海世紀出版集團，2012 年 8 月，P65。

就是專制制度也不會產生最壞結果。"[31]以穆勒所見，"中國曾是一個富有偉大才能，並在某些方面甚至也富有偉大智慧的民族"，可是"它卻靜止僵化了，幾千年來原地未動"，"那麼，是在什麼時候停止下來的呢？在個性消失的時候"[32]。陶淵明及其田園則是特定歷史環境下的產物，也是社會發展的結果。何況無論在物質文明高度發展的現代社會，還是生產力相對低下的古代社會，追求身心的自由解放一直是自覺的人所共有的願望。

在現代社會，個人有作為人的自由（公民自由），或作為社會成員的自由（社會自由），這是社會所能合法施與個人的權力，包括良心自由、思想自由，以及表達觀念和情感的絕對自由，還有趣味自由和追求自由等等，"任何一個社會，若在整體上不尊重上述這些自由和權利，那就不是自由社會，不論其政府形式怎樣；任何一個社會，若是上述這些自由和權利不是絕對的和沒有限制的，那就不算是完全自由的社會"[33]。而在弗羅

---

31 約翰・穆勒《論自由》，P63。
32 同上，P71。
33 同上，P12。

姆看來，"只有在高度發展的民主社會裡，自由才有可能勝利。在這個社會裡，文化的目標和目的就是個人、個人的成長和幸福，生命再不需要成功或其他東西來證明，個人不臣服於，也不被操縱於任何自身之外的權力，無論是國家還是經濟機器。最後，個人的良心與理想並非外在要求的內在化，而真是**他的**，所表達的目的也源自其自我的獨一無二性"[34]。但是如弗氏所言，在現代歷史以往任何階段都沒能充分實現這些目的。

當今社會功利主義、實用主義盛行，已難產生陶淵明式的人物，現實的田園也不復存在。當社會政治經濟制度尚不健全，民主進程受阻之時，個人的自由已不僅是來自官場的束縛，而是整個社會或習俗對於個體自由的壓迫。對於個體來說，哪怕只是獲得相對的自由，也要盡力開拓自我的精神空間，提升生命的維度，否則結果正如弗羅姆在其《健全的社會》中所說："如果人們沒有任何自己的願望或信念，如果他們是一些被異化的自動機器，他們的情趣、意見和好惡都受制於社會這部

---

34 《逃避自由》，劉林海譯，P193。

大機器。"³⁵絕對的自由固然不可奢求，但通過提升自我的生命維度，亦可獲得"積極的自由"。自由來自對維度的提升，維度越高就會獲得越多的自由，生活在不同的維度，生命狀態就不一樣。陶淵明時時為貧窮所困，也無法擺脫生老病死的規律，他的智慧在於最大限度突破世俗諸多有形無形的拘限，將生命維度超越現實一維或二維的價值領域，讓自我身心獲得最大自由，從而達到詩意的棲居。正如海德格爾所認為，一個人真正的存在，他必定是詩意的。

從屈原到陶淵明，也就是從官場到田園，這不僅是現實空間的轉換，也不僅是形體的移動，更是從一個相對的價值領域回歸絕對的價值領域，從異化的人生回歸本我的精神世界。田園已不單純是一個現實的區域，而具有精神價值及象徵意義。對於個人來說，從官場到田園，不僅要完成環境的轉換，更要完成心靈的蛻變——讓身心獲得真正的自由。當遙遠的彼岸尚不可到達，物質的田園也難以尋覓，"思想的自由就是最高的獨立"。

---

³⁵ 《健全的社會》，〔美〕埃利希·弗洛姆著，歐陽謙譯，中國文聯出版公司，1988 年 7 月，P186-187。

　　"我們要求和促進思想自由，並不僅僅是或主要是為了產生偉大的思想家。相反，為了使普通人達到他們能夠達到的最佳精神狀態，同樣甚至更加需要思想自由。"[36]何況，"一個人越是發展自己的個性，他自己就變得對於自身越有價值，因而對於他人越有價值。這樣，個體生命的存在更加充實，而個體生命的充實，也使得由此類個體組成的群體的生命更加充實"[37]。自我的自發實現不能沒有思想的自由，而無論思想自由、個性解放或自我實現，都有賴於社會發展提供充分的條件，惟此社會也更趨於進步，這應是人類所共同追求的目標。

---

36 約翰・穆勒《論自由》，P32。
37 同上，P63。

後　記

　　中國古典文學是中國傳統文化的重要組成部分。除
了純粹的民間文學，中國古代文學的主要創造者多是古
代的士大夫文人，相當於今天所說的知識分子，他們或
是思想家、文學家，或身兼政府官員。由他們的身份地
位所決定，也緣於古代文史哲不分家的特點，他們不僅
有類似今天純文學的作品，也有不少有關歷史、哲學及
現實政治的著述，我們從他們留存的這些文字中不難捕
捉到他們的思想狀態，瞭解其人生經歷及他們所處的現
實環境。他們的作品不僅反映社會現實或他們的政治理
想，也展現他們的心路歷程。當我們將其人、其事、其
文串聯起來進行考察，不難發現文學發展史也是文人的
精神史、心態史，與社會史及思想史密切相關。

　　我的專業方向是中國古代文學，研究對象的主體主

要是中國古代的知識分子（士大夫文人）。在職期間我曾講授"中國文學史"（先秦兩漢魏晉南北朝部分）及開設相關課程三十餘年，在研讀這段歷史和文學史的過程，我發現一個饒有趣味的現象：作為第一個有名字的詩人屈原和魏晉南北朝時期頭號大詩人陶淵明，他們的人生道路迥然不同，價值取向也明顯有異。由屈原而陶淵明，他們之間相隔七百多年，經歷了秦漢魏晉幾代王朝，顯然屈原不可能轉眼變成陶潛，陶淵明也不可能一步走進田園。這七百多年的歷史演變和士大夫文人的價值觀念及心理變化，從他們在文史資料中留下的足跡清晰可見，這就是自屈原以後，隨著大一統政權建立及官場生態惡化和觀念改變，士大夫文人逐漸逃離官場，朝著田園的方向前進，即使這不是一條直線，其中有反復，有躊躇，甚或倒退，但尋求回歸，無論回歸內心，還是回歸田園，已是大勢所趨。即使並不是所有人都選擇這條道路，但對於當時的士大夫文人而言，至少這是一條新出路。

從春秋戰國到晉宋之際，隨著現實環境和思想觀念的變化，文學的內涵甚或書寫形式、文本作者的心態也在改變，或者說文學文本具象展示了歷史發展動向及士大夫文人人生觀價值觀的轉變，並呈現出明顯的趨勢。
本書的關注點即在從屈原到陶淵明，知識人如何從王朝
綱常中解放出來，走向自覺，那就是獨尊思想衰微之
後，士大夫文人逐漸掙脫原有價值觀的拘縛，由外轉
內，以尋求個人人格精神的獨立自由為旨趣，從而由官
場走向田園。這一過程在本書所選擇的每個人物身上均
有不同角度的反映，本書即以這些當事者的文史著作及
相關史料為依據，提供一種觀察視角或思路。其實在這
段歷史中還有許多人物的故事可以印證，因為這是歷史
發展的總趨向。讀者可擴而及之，從這段歷史中眾多士
大夫文人的著作尋繹他們的思想和心理活動的軌跡，思
忖古代知識人的命運對於今天的啟示。

　　作為知識人，我一直比較關心與知識分子有關的問
題。無論中外古今，知識分子（或中國古代的士大夫文
人）都應該是精英文化的創造者，也是社會物質文明與
精神文明的推進者。古代中國的社會形態與今天不甚相
同，但知識人逃離官場後，尚有廣闊的天地容身，除了
物質生活無法保障，他們擁有更多的身心自由。比之古
代，今天社會已有極大的發展進步。但是，如果社會發
展未能與人性的自由解放同步，或者政治制度乃是變相

的封建體制，封建意識仍然沉渣復起，知識人的命運就難以得到根本改變，歷史的悲劇就要不斷重演，國家民族的前途就會受阻。因此以古鑒今，討論知識分子的話題應不過時。

這本小書中的隨筆寫作時間跨度竟然有二十多年，其中大部分文章二十多年來已發表在《讀書》、《文史知識》、《文藝報》、《文景》、《中國典籍與文化》等報刊。十多年前，我向原中華書局社長包岩女士談及本書的思路及已發表的數篇隨筆內容，她甚感興趣，很快將出版協議給我，約好準備出版此書。可是十餘年來我因家庭及自己身體健康緣故，最後幾篇隨筆無法及時完成。當我終於將餘篇續寫完畢，包總已離開中華書局，協議也因拖延時間太久而失效。前兩年，包總得知此書已基本完稿，非常高興，看了幾篇文稿後提了幾點建議，並立即表示要介紹中華書局的資深編輯與我聯繫。可是我對後來寫的三兩篇文章還是不太滿意，還想繼續修改，就這樣又拖了近一年，以致原先的資深編輯都退休了。包總又幫我推薦到其他出版社，雖然最後不了了之，但包總及編輯文娟的理解和支持令我甚為銘感。

　　本書所論乃是學術，無涉當今政治，沒想到在特定時期竟然成為敏感話題，因此在聯繫出版過程頗費周折。有的出版社則以"沒有市場"為由而不肯接手。我卻不想放棄，畢竟這是我花費多年心血寫成的書稿，而且所談也是客觀存在的事實。在繼續尋找出版機會的過程，我要特別感謝曾是我的學生王小燕、蘇少波、李欣諸君，還有我的大學同窗國華兄，他們各盡其力，想辦法解決相關出版問題，無奈由於眾所周知的原因，終究無能為力。最後端賴臺灣文史哲出版社接納拙稿，又承蒙學界前輩江建俊先生襄助，本書出版終於提到議事日程。在此特向彭雅雲女士及江建俊先生深致謝意！

　　　　二〇二三年十二月於廈門大學淩峰山居

國家圖書館出版品預行編目資料

從廟堂到田園：先唐士人的心路歷程 /
王玫著. -- 初版 -- 臺北市：文史哲出版社，
民 113.05
面；　公分. --（文史哲學集成；754）
ISBN 978-986-314-669-8（平裝）

1.CST：知識分子　2.CST：人物志

782.23　　　　　　　　　　　113006637

文史哲學集成　754

從廟堂到田園
——先唐士人的心路歷程

著　　　者：王　　　　　　　　玫
出　版　者：文　史　哲　出　版　社
http://www.lapen.com.tw
e-mail：lapentw@gmail.com
登記證字號：行政院新聞局版臺業字五三三七號
發　行　人：彭　　　　正　　　　雄
發　行　所：文　史　哲　出　版　社
印　刷　者：文　史　哲　出　版　社
臺北市羅斯福路一段七十二巷四號
郵政劃撥帳號：一六一八〇一七五
電話886-2-23511028・傳真886-2-23965656

定價新臺幣四二〇元

二〇二四年（民一一三年）七月初版

ISBN 978-986-314-669-8　　　01754